户外拓展教程

刘志国　董　欢　周生旺◎主编

中国商业出版社

图书在版编目（CIP）数据

户外拓展教程 / 刘志国，董欢，周生旺主编. 北京：中国商业出版社，2025. 5. -- ISBN 978-7-5208-3391-2

Ⅰ. G895

中国国家版本馆 CIP 数据核字第 20250CZ603 号

责任编辑：郑　静

中国商业出版社出版发行

（www.zgsycb.com　100053　北京广安门内报国寺 1 号）

总编室：010-63180647　编辑室：010-83128926

发行部：010-83120835/8286

新华书店经销

武汉市卓源印务有限公司印刷

*

710 毫米 ×1000 毫米　16 开　14.25 印张　220 千字

2025 年 5 月第 1 版　2025 年 5 月第 1 次印刷

定价：68.00 元

****

（如有印装质量问题可更换）

前　言

随着都市生活节奏的加快，人们的生活压力和工作压力与日俱增，再加上不良生活习惯的影响，人们的身心健康受到严重威胁。暴躁、易怒等负面情绪不仅会影响自身的人际关系，还会给原本幸福美满的家庭蒙上一层阴霾。而户外运动的蓬勃兴起，为人们的生活和工作增添了无限活力。人们在闲暇时，进行户外健身，不仅能有效缓解压力，还能在运动场上结识新朋友，拓宽社交圈。特别是历经艰难、完成挑战目标的那一刻，带来的成就感与自豪感，无疑能增强自信，让人在挑战中找寻到自我价值。户外拓展活动，凭借其探险、挑战、教育及娱乐的多元特色，成为现代人追求健康、提升自我的优选。户外拓展活动有利于人们释放压力，寻回内心的宁静。此外，它还能帮助人们在团队协作中提升个人能力，在享受自然美景的同时，体验身心的愉悦与成长。因此，我们应积极倡导并亲自参与户外拓展，让这一健康的生活方式融入日常。

本书共分为三大部分。第一篇“户外运动与体育”，从户外运动的基本概念出发，深入探讨了户外运动对体育产业的影响，以及我国休闲体育的产业发展与体育文化管理的探索。这一部分不仅为读者奠定了户外运动的理论基础，还揭示了户外运动与体育产业之间的紧密联系，为后续的深入了解户外拓展活动提供了宏观视角。第二篇“户外运动项目”，则详细介绍了户外运动所需的装备，以及山陆、水域、空中三大类别的户外运动项目。从装备的选择与使用，到具体项目的技巧与注意事项，这一部分内容丰富多彩，既能够满足读者对户外运动项目的全面了解需求，又提供了实用的操作指南。第三篇“户外运动与拓展训练”，则着重于户外运动与拓展训练的结合，从概述到项目实践，再到组织实施与安全保障，为读者呈现一个完整的户外拓展训练体系。这一部分不仅强调了拓展训练在提升个人能力与团队协作方面的独特价值，还注重实践操作的可行性和安全性，以利于读者户外运动实践时能够在安全的环境中获得最佳的拓展体验。

本书实用性强、内容丰富，既适合作为体育旅游、体育休闲类专业的教材，也可以作为高校新型公共体育课的选修教材，还可以作为户外运动爱好者的自学手册。通过学习和实践该教程内容，参与者可以全面提升自己的身心素质，增强团队协作能力，更好地应对工作和生活的挑战。

编　者

2025 年 2月

目录

第一篇　户外运动与体育

第一章　户外运动概论

第一节　户外运动概述

一、户外运动的界定

户外运动从字面上说，就是在户外环境中开展的体育运动。

在日常生活中，人们常把“户外”理解为离开所居住的房屋、建筑的露天环境，这与我们开展的户外运动中所指的“户外”是有所区别的。户外运动中的户外应为开展户外运动所专门选择或开辟建造的活动区域，主要指自然环境，也包括与自然环境相关的区域。因此，户外运动所讲的“户外”应与日常生活所讲的“户外”明确地区分开来。

在国内，伴随着改革开放、社会经济的发展，人民生活水平的不断提高，社会大众追求更加新颖的、多元化的休闲方式，越来越热衷于在户外自然环境中进行各种形式的健身、运动，因此，人们通常将这类在户外自然环境中进行的活动称为“户外休闲”或“户外运动”。

国内最早对“户外运动”进行概念界定的是李舒平。李舒平（2003）把“户外运动”定义为“以自然环境为场地，带有探险性质或体验探险的一组体育运动项目群”。他认为户外运动的基本属性包括两个：一是体育运动；二是探险性质。同时，他还提出户外运动的六个特点：①在自然环境中进行的，有着回归自然、返璞归真的特征；②无一例外地具有不同程度的挑战性和探险性；③强调团队精神；④是一门综合性的学问；⑤对体能有严苛的近乎极限的全面要求；⑥是体验式教学的重要形式。提出另一个“户外运动”概念的是中国登山协会（2005），它在申请户外运动成为“我国正式开展的体育运动项目”时，将其定义为“在自然场地进行的一组集体运动项目群”，其正式名称是“山地户外运动”，简称“户外运动”。

上述定义有如下共同点：①大自然是户外运动的场地，强调了自然环境；②描述为项目群，即不是单一项目，而是由多个项目组合而成。

马欣祥（2015）把“户外运动”定义为“人们以人力或利用自然力，在基于自然的环境中开展的体育活动的统称”。这一定义既包含了户外休闲，也包括了探险、竞赛和教育。这与我国体育运动的范畴涵盖休闲体育、社会体育（大众体育）、竞赛（竞技体育）、学校体育相对应，都是体育的组成部分。用体育运动的概念就能说明户外运动的基本内涵与外延，这样就不需要在探险、休闲等观点下探讨户外运动了。按照动力和组织性强弱，可以形成户外运动的连续谱系，由弱到强依次为：户外休闲娱乐、户外健身、户外教育、户外竞赛、户外探险。

我国通常将“户外运动”译为“Outdoor Sports”，国外很少用这个词作为专有名词使用。在国外相关的词汇有“Outdoor Recreation”（户外游憩）、“Outdoor Education”（户外教育）、“Outdoor Adventure”（户外冒险）等。“户外游憩”一词更接近我国“户外运动”的概念，因此，从国外对该词定义进行说明是有必要的。

有学者将“户外游憩”划分为：①自然环境户外游憩，主要是指利用自然环境并发生在自然环境里的运动，如徒步、登山、攀岩等；②半自然环境户外游憩，相对于自然的环境，一定程度上依赖于人工设施，如滑雪场、人工开辟的露营区等；③人工环境户外游憩，以专门建设的设施为场地，非自然环境，如比赛场、公园剧场或音乐厅等。当时划分的意义在于使人们理解户外游憩所发生的环境问题，从而帮助专业人士明确地根据环境来组织户外游憩。

有学者将“户外游憩”定义为“在自然环境、半自然环境里开展的，包括户外教育在内的休闲活动”，并特别指出，休闲也可以是紧张的、富有挑战性的。

有学者梳理了关于“户外游憩”的定义，从享受、户外环境、对自然环境认识、活动参与性、知识、自然资源的使用、闲暇时间、人类改造环境以及与自然环境的相互作用等九个因素出发对比了学者们的观点，把“户外游憩”定义为“发生在户外环境并包含着人们与自然环境之间相互作用的，自由时间里自愿参与的活动”。

从以上定义来看，“户外游憩”的核心要素包括：①自由时间里进行的；②自愿参与的；③投身于活动；④发生在自然环境里；⑤参与者与自然环境发生相互作用或对自然环境的认识。

通过以上分析，笔者认为，“户外运动”不同于传统意义上的体育运动（活动），而更加强调基于自然条件或模拟自然环境场地所进行的活动，具有体现人与自然相互作用关系的特征。

从参与目的的角度来看，“户外运动”的概念可以延伸为户外游憩、户外教育和户外竞技。户外游憩是个体在闲暇时间内通过自愿参与而达到休闲娱乐、调节身心和发展兴趣爱好等目的的户外运动。户外教育是以在户外活动中获得知识和技能、提高综合能力等为目的的户外运动。户外竞技是以提高户外运动项目技术水平和创造优异成绩为目的的户外运动。

从游憩的角度来看，“户外运动”包含各种类型的户外游戏、娱乐活动项目内容，参与这些类型的户外游憩，不仅能给参与者带来身心愉悦的体验，还能够使参与者亲近自然、感受自然魅力，提升审美价值。

从体育运动的角度来看，“户外运动”是基于自然条件或模拟自然环境场地所进行的活动，其活动并非单指某一项户外运动项目，而是一组运动项目群的总称。

从教育的角度来看，“户外运动”与户外教育息息相关，通过户外体验、运动参与、冒险活动等，使参与者获得户外知识、运动技能的掌握与提高，并培养参与者良好的团队协作精神等；户外教育不局限于知识与技能的学习，还包括价值观的培养，自我保护、环境保护意识的培养，对学员的教育可谓十分全面。

从竞技的角度来看，“户外运动”具有冒险、探索与竞争等特点，主要以户外运动赛事的方式呈现，一般户外运动赛事包括山地自行车比赛、山地越野马拉松、高空拓展比赛、登山攀岩攀冰、水域运动、登山滑雪等内容。与传统体育比赛相比，户外运动竞技比赛更具有对未知的探索、对风险的挑战的特点，既需要有充足的体能保障，又需要有较高的智慧技巧，是体力与智慧的双重竞争挑战，能够给参赛者带来高强度的刺激体验，给观众更加震撼的观赏体验。

二、户外运动的基本特征

（一）自然融合特征

户外运动从最初产生，就强调人与自然的融合，要求对自然要有发自内心的热爱和亲近，是建立在对自然的尊重和理解的基础上的人类体验活动，体现人与自然协调发展的理念。

如果说早期的一些户外探险家所追逐的重要目的是征服自然，那么，现在越来越多的探险家更多的是抱着一颗敬畏的心去接近它，并进一步了解和认识它。登上世界最高峰，并不代表你真的征服了这座最高峰，而只能代表你走过一次，大自然允许你登上了它。与自然相比，人类的力量是渺小的。在地球的整个生物圈里，如果没有人类，很显然，自然一定依然存在，这就是自然的永恒的力量。人们在进行户外运动时，最近距离感受到的是与身体密切接触的丛林、山川、江河，也是与都市里完全不同的植被、动物，甚至还有多元化的地形、气候，等等。它们是那样复杂，有时让人新鲜和欣喜，有时又让人畏惧和惊恐，有时只剩下沉默、等待和忍耐。人们在户外运动过程中，无形中学会了认识丰富的大自然，并与它进行交流，也体验了在这种环境中与都市不同的简单、原始的生活方式。人们在进行户外运动的过程中，所有感官和情绪都围绕自然而生发，再通过运动的方式表达出来，人不自觉地进入一个纯粹的状态。这种状态让人摆脱日常生活的环境以及生活的感受，在另一个真实的环境中接触和了解那个熟悉而又远离已久的自然界，回到自己的本真状态。原始的、简单的感受和反应，让人无比轻松和快乐，即真切地感受到自己生命的力量，洞察到生命的意义。

在户外运动过程中，活动的场所和环境都处于自然状态，这些自然场所本身有自己独立的存在状态和存在形式，其涵盖的内容比较庞杂，因此，也存在比较大的变化空间和可能性。人们在这种自然环境场所进行活动，即使拥有了娴熟的技巧、必要的装备以及一定的身体能力，也不一定能够完成预期的活动目标，必须不断认识和应对可变因素，尊重自然环境及其规律，不仅接受自然环境美妙温情的一面，还要接受它残酷恶劣的一面，一切活动都要依据活动场所的特点和规律来进行，只有这样才能更好地进行相应的运动，并在这个过程中获得乐趣。①

（二）环境制约特征

户外运动的大多数项目是在特定的自然场所下进行的，与自然环境联系相当紧密。因此，活动场所、地点的环境特征直接决定了户外运动的形式。例如，溯溪探险不可能在平原进行，登山运动也不可能在平原和沙漠地带开展。也就是说，某个地区的自然环境情况，成了户外运动能否在当地开展的先决条件。再如，山地资源丰富的地区，登山运动项目较多，而沿海地区，海岛类型的户外运动项目

① 刘华荣，秦长胜，刘转青等．户外运动组织与管理 [M].2 版．武汉：中国地质大学出版社，2020.

更多。资源直接制约甚至决定了活动的形式，也吸引着相应的运动爱好者汇聚在某个地区，进行某项户外运动。

几乎任何一种环境都会对运动的过程和结果产生影响，有时候同一地点因环境变化，可能改变运动的条件而影响运动的结果。例如，气流（风）和气温对几乎所有运动项目都会产生很大的影响，波浪则对水上运动项目影响极大，它们甚至可能使运动完全不能进行。有时户外环境甚至可以改变运动员的生理机能或心理状态而间接影响运动结果。正是因为环境对于运动本身的影响无法完全克服，多数竞技体育都是在室内或者限定的人工环境内进行，以期尽量减小环境可能对运动本身造成的影响。越是高水平的竞技运动，对于运动场所和环境的要求越是标准化和规格化。户外运动是在自然状态条件下进行的，情况复杂多变，加之人们不易掌握户外运动规律，户外运动更加具有结果的不确定性、危险性，以及预期要应对的困难等不可控因素。因此，环境对户外运动过程和结果具有高度制约性。一旦我们不能很好地认识并尊重自然规律，没有找准与大自然之间的结合点，在进行户外运动活动时，大自然就变得可畏了。

（三）探索挑战特征

人类有探索挑战的本能，正是这种本能使人类成为智慧的物种。人类天生有一种对自己所缺失的环境体验的追求，并有追求成为那个“最先吃到螃蟹的人”的欲望。现代社会的人们大都生活在都市和城镇，都市环境的喧嚣、拥挤与工作、生活的机械化和沉重感，让人们窒息，渴望逃离。对于接触和了解自然环境的渴望以及摆脱惯常生活状态的期盼，是人们进行户外运动探索挑战的主要动机，而户外运动本身恰恰能够满足人们的需要。

户外运动是一门综合性的学问，户外运动要求参与者不仅要有良好的运动水平，还要有多方面的科学知识以及专门技术和生活技能。在户外运动过程中，必须始终保持积极主动的心态。活动的前方是未知和难以预料的，参与者需要不断地主动迎接和思考如何解决遇到的困难，或者为未知的未来进行高度准备，这种力量牵引着人们向上向前，不断地探索，通过这种探索活动和经历，参与者自觉自然地学习，从而丰富了自身的知识内涵，也不断增强了自我意识。正因为如此，户外运动实际上是一项综合性非常强的体育活动。

户外运动活动环境和场所的不确定性以及变化性，使得大多数户外运动项目都具有一定的挑战性，挑战性主要是由于结果的不确定、危险以及预期要应付困难的环境等种种因素共同作用决定的，挑战可以是心理的、道德的、情感的或身体性的。在户外运动过程中，活动的挑战性不仅受制于户外运动活动的场所和环境的危险水平，而且受制于参与者的身体条件、技巧的掌握以及其他一些能力，当然，其制约因素还包括个性特征等个人属性，如自信心等。但是，活动具体的挑战性程度如何，则要取决于活动环境本身的难度水平、参与者个人的身体和技能情况、活动的物质装备情况等。很显然，同样难度级别的户外运动，对于不同的个体，由于在身体、技能、物质装备以及个性特质等方面的差异，所表现出来的挑战性也不尽相同。

当然，户外运动并不总是以追求冒险和刺激为目的。虽然户外运动具有一定的风险和挑战性，但是这种风险和挑战性通常在一定范围内是可以预知并可以进行控制的。在户外运动过程中，虽然活动的前方总是充满未知和难以预料的风险，但是只要参与者不断地主动迎接和思考如何面对遇到的困难，始终保持一种积极主动的心态不断探索，就会在完成预期挑战的过程中不断体会户外运动的魅力。

三、常见的户外运动类型

（一）休闲游憩型户外运动

各种形式的享受自然的户外游憩活动，不需要复杂的操作技术，活动地点自然环境良好，风险较低。主要包括三种：①在陆地上开展的露营活动、各种徒步活动（低强度）、山地车骑行活动、定向运动、登山活动（海拔较低的山）、轮滑活动、大众滑雪活动、攀岩体验活动、速降体验活动、攀树体验活动、野外生存体验活动等；②在水域开展的漂流体验活动、游泳活动、潜水体验活动、划船活动、冲浪体验活动、滑水体验活动、帆船帆板体验活动、木筏泅渡体验活动、海岛生存体验活动等；③在空中开展的放风筝活动、放飞航空模型活动、空中溜索体验活动、跳伞体验活动、滑翔伞体验活动、驾驶飞行器体验活动等。

（二）学习教学型户外运动

各种户外运动知识与技能的学习掌握，需要进行一定时间的学习，在相对固定的地点，包括校园和户外运动实践教学基地（有一定的人工设施），风险较低。

主要包括三种：①在陆地上进行的丛林穿越技能、沙漠穿越技能、定向越野技术、山地车越野技术、山地轮滑技术、登山技术（海拔较高）、滑雪技能、攀岩技术、攀冰技术、攀树技巧、野外生存综合技能等；②在水域开展的漂流技巧、扎筏泅渡技术、潜水技术、冲浪技术、帆船帆板技术、划船技术（皮划艇）、荒岛求生综合技能等；③在空中开展的溜索装置架设技术、滑翔伞技术、跳伞技术、飞行器驾驶技术等。

（三）冒险竞赛型户外运动

在进行冒险户外运动时，首先需要有一定的户外运动知识、技能和经验做基础；其次要了解进行冒险活动所处的环境状况；最后要有一定的心理准备。活动地点的自然环境具有独特性，风险较高。冒险型户外运动主要包括三种：①在陆地上进行的穿越无人区（四季）、高海拔登山、探洞、长距离山地马拉松、24小时以上的户外挑战、长距离单车骑行、无人区生存挑战等；②在水域开展的深潜、悬崖跳水、冲浪、大河漂流、长距离划船、远距离大帆船航行、游泳横渡海峡、荒岛生存挑战等；③在空中开展的悬崖跳伞、溜索过涧、悬崖蹦极、翼装飞行等。户外运动竞赛是利用陆地、水域和空中各种自然环境条件综合开展的运动竞赛，具有较高的艰辛性和挑战性，属于高风险的户外运动。竞赛型户外运动主要包括山地户外挑战赛、户外极限运动大赛、海岛极限挑战赛、滑雪登山挑战赛、户外拓展运动大赛以及一些单项的户外运动挑战赛事。

第二节 户外运动的产生与发展

户外运动是指在户外自然环境中开展的体育运动，户外运动中的很多内容、技术、技能源自人类早期在作战、生产劳动、日常生活中获得的生存经验。例如：人类为了上山采摘，创造出攀岩及下降的技能；为了作战和迁徙，积累了长途跋涉、翻山越岭的“穿越”经验；为了狩猎，发现了辨路追踪的方法；为了捕鱼和寻找新大陆，发明了泅渡、舟渡和潜水的本领；还有其他如负重行军、道路设计、放牧捕鱼、洞穴探险、高山探险、科学考察等技能，在这些生产劳动和开拓人类生存发展空间的拼搏中，都可以找到户外运动的影子。

一、国外户外运动的兴起与发展

（一）国外户外运动的兴起

早期的户外运动其实是一种生存手段，采药、狩猎、战争等活动无一不是人类为了生存或发展而被迫进行的活动。16 世纪，欧洲一些上层阶级的有钱人到欧洲各地进行社会旅行，参观各种艺术馆、博物馆等，这种社会旅行作为一种重要的旅游现象被称作豪华旅游。同时，阿尔卑斯山地区也被这种豪华旅游发展成为高山旅游胜地。由此，这种豪华旅游从早期的游览大都会美术馆、博物馆等与艺术相关的活动，逐渐转变成欣赏高山风光式的浪漫旅游。这种旅游风格上的变化以及高山地区的发展，为后来发展起来的户外运动项目，如登山和滑雪等奠定了基础。自 18 世纪机器化生产以来，整个世界经济发展迅速，人们逐渐从繁重的劳动中解脱出来。同时，随着科学技术的发展，人们开始尝试去以前人类所不能到达的地方，开始从事具有一定风险且具有挑战性的户外活动。随之而来的探险热潮一浪高过一浪，产生了户外运动的雏形。

户外运动真正诞生于 19 世纪下半叶。此时，开始制作一些用于滑冰、滑雪、爬山、徒步等户外活动使用的器材。1857 年，在德国诞生了以登山、徒步为主要运动项目的民间组织，这可以说是世界上最早的户外运动俱乐部。19 世纪 90 年代，高山滑雪运动的出现吸引了一批新的冒险旅游者，登山也随着人们对山地环境的观念的改变受到欢迎，首登成为所有登山者追求的目标。那些比较平缓而容易到达的山峰被首登过后，剩下的就是终年积雪的有相当难度的大山了。登山者为了克服这些山峰的冰岩地形，进行了技术和装备上的革新，但是受到当时科技水平的制约，无论从技术上还是装备上都还相当简陋。一直到第二次世界大战前后，为了满足各种地形作战的需求，军队开始发展户外运动技术与装备，使户外运动装备趋向专业化发展。二战后，随着世界经济的发展，户外运动逐渐成为人类娱乐、休闲和提高生活质量的一种新的生活方式，用于军事需要的户外运动技能和装备开始用于民间，并逐步向专业化方向发展，以满足人们开展户外运动的需要。这时户外运动开始走进大众的生活。

（二）国外户外运动的发展

二战后，伴随着工业化和城市化的进一步发展，大部分人离开农村进入城市生活，人们有钱也有时间，普通的观光旅游已经不能满足人们户外体验的需求，野营和探险等户外活动受到人们的青睐。另外，工业化和城市化的发展使城市污染加剧，环境日趋恶化；加之城市激烈的竞争环境，使得人类的生存压力加大，人与人的关系日益矛盾化，这些问题都成为人们讨厌城市生活的导火索，人们更加渴望回归自然。而户外运动正好可以迎合人们的"口味"，湛蓝的天空、嫩绿的青草、蔚蓝的大海无不吸引着人们，人们开始回归自然、享受自然。这不但能放松身心，而且能使身心受到洗礼，进而消除在城市中的紧张感。就这样，参与户外运动的好处被更多的人传播开来，人们开始不断地尝试更多的、新的户外运动形式，户外运动的内容也被进一步丰富了。

由于户外运动广受欢迎，户外运动热潮在西方各国一直居高不下。在美国，野外露营已经成为上至老人下到孩子都十分喜爱的活动，户外探险运动在欧美和亚洲的日韩等国家非常普及。美国是户外运动产业发展得极为出色的国家。其丰富的自然资源、广阔的国土面积为户外运动提供了得天独厚的条件。从壮丽的山脉到绵延的海岸线，从茂密的森林到辽阔的沙漠，各种地形地貌为徒步、滑雪、冲浪、攀岩、骑行等各类户外运动爱好者提供了无限可能。此外，美国还拥有完善的户外运动设施和专业的服务机构，能够满足不同水平、不同需求的户外运动爱好者。政府和社会各界对户外运动产业的支持也推动了其持续健康发展，使美国成为全球户外运动爱好者的天堂。

欧洲是另一个户外运动极为发达的地区，其多样化的自然环境和深厚的历史文化底蕴为户外运动提供了丰富的资源。阿尔卑斯山的滑雪胜地、北欧的徒步线路、地中海沿岸的冲浪海滩，以及遍布各地的山地自行车道和攀岩场地，吸引了全球户外运动爱好者前来体验和挑战。欧洲的户外运动产业也相当成熟，不仅有高品质的装备和专业的培训机构，还有众多的户外运动俱乐部和赛事活动，为爱好者提供了广阔的交流和竞技平台。

大洋洲的新西兰，这个位于南太平洋的岛国，以其得天独厚的自然资源，成为现代户外探险越野运动的起源地之一。新西兰的壮丽山脉、广袤森林、清澈湖泊和崎岖海岸，为徒步、滑雪、漂流、蹦极、滑翔伞等各类极限运动提供了绝佳的场所。这里不仅自然景观丰富多样，而且气候温和，四季分明，非常适合户外运动。新西兰人民热爱自然、崇尚冒险，他们的探险精神和开放态度，也推动了户外运动在这里蓬勃发展。无论是专业运动员还是普通游客，都能在这片神奇的土地上找到属于自己的冒险之旅。

国外户外运动的兴起与发展，与人们拓荒传统、社会富裕、追求生活品质、对环境的关注等因素有关，户外运动已成为人们休闲、教育、娱乐等重要组成部分。

二、我国户外运动发展历程

户外运动，作为现代人追求健康、亲近自然的一种生活方式，在我国经历了从无到有、从专业到大众的演变过程。这一历程不仅见证了我国社会经济的飞速发展，还反映了人民生活水平的提高与价值观念的转变。以下将从起步与发展两个方面，结合具体实例，详细阐述我国户外运动的发展历程。①

（一）起步阶段：从探险到普及（20 世纪 50 年代至 90 年代初）

1. 探险精神的萌芽

我国户外运动的起步，可以追溯到 20 世纪 50 年代。在那个时代，出于对大自然的崇拜和征服欲，登山成为户外运动的代名词。1956 年，中国组成了首支国家级登山队，这标志着我国户外运动的正式起步。随后的 1960 年，中国登山队首次从北坡成功登顶珠穆朗玛峰，这一壮举不仅展示了中国人民的勇气和毅力，也极大地推动了户外运动在国内的普及和发展。这一时期的户外运动，主要以探险和极限挑战为主，参与人群多为专业的登山家和探险家。

2. 户外运动协会的成立

随着登山运动的兴起，各种户外运动组织也应运而生。1958 年，中国登山协会成立，成为我国户外运动发展的一个重要里程碑。该协会主要负责组织、管理全国户外运动活动，包括扶贫活动、宣传教育、科学考察、拓展训练等。它的成立，为户外运动爱好者提供了一个交流和学习的平台，也为户外运动在国内的规范化、专业化发展奠定了基础。

3. 露营与自驾游的兴起

除登山运动之外，露营和自驾游也逐渐在国内兴起。露营最早在台湾发展，20 世纪 70 年代初，台湾就已成立露营协会。随着国内旅游的发展，20 世纪 80 年代中期，露营才开始在大陆普及。而自驾游则始于 20 世纪 90 年代初，随着汽车逐渐进入家庭，自驾车旅行成为家庭游、自由行的重要方式。华东、西南、华南等地区，因其独特的自然风光和便利的交通条件，成为露营和自驾游的热门目的地。

① 杨汉，罗先斌．户外运动理论与实践 [M]. 武汉：中国地质大学出版社，2023.

4. 民间户外运动的兴起

在官方推动下，民间户外运动也逐渐兴起。1984 年，刘雨田徒步走长城，开启了我国民间户外运动的先河。随后的 1986 年长江漂流、1987 年黄河漂流等活动,更是将民间户外运动推向了高潮。这些活动不仅体现了中国人民的探险精神，而且激发了更多人对户外运动的热爱和追求。

（二）发展阶段：从专业化到大众化（20 世纪 90 年代至今）

1. 户外运动项目的多样化

进入 20 世纪 90 年代，我国户外运动开始呈现多样化的趋势。除了传统的登山、徒步等项目外，攀岩、滑雪、漂流、滑翔伞等新兴户外运动项目也逐渐受到人们的喜爱。这些项目的兴起，不仅丰富了户外运动的内容，还满足了不同人群对户外运动的多样化需求。

1996 年，余纯顺在罗布泊遇难，这一事件掀起了社会对户外运动的广泛讨论和关注。此后，更多的人开始认识到户外运动的风险和挑战，也更加注重户外运动的安全和规范。

2. 户外运动俱乐部的涌现

随着户外运动项目的多样化，各种户外运动俱乐部也开始涌现。这些俱乐部不仅为户外运动爱好者提供了交流和学习的平台，还组织开展了各种户外活动。例如，1998 年，新浪旅游论坛创立，并诞生了“驴友”一词，这标志着我国户外运动爱好者的群体开始形成并壮大。同时，一些知名的户外运动俱乐部，如三夫户外、探路者等，也开始在国内市场上崭露头角。

3. 户外运动的商业化与大众化

进入 21 世纪,我国户外运动产业迎来了爆发式增长。随着经济的快速发展和人民生活水平的提高，越来越多的人开始关注健康、亲近自然的生活方式。户外运动作为一种时尚、健康的生活方式，逐渐受到了广大市民的青睐。各种户外运动赛事和活动也层出不穷，如马拉松、山地户外运动节等，这些赛事和活动不仅推动了户外运动在国内的普及和发展，而且促进了户外运动产业的商业化进程。

与此同时，户外用品市场也迎来了快速增长。从最初的简单装备到如今的专业装备，户外用品的种类和品质都得到了极大的丰富和提升。国内户外用品品牌如探路者、牧高笛等也逐渐崭露头角，并在市场上占据了一定的份额。

4. 政策推动与产业升级

近年来，我国政府也开始高度重视户外运动产业的发展。为了推动户外运动产业的健康有序发展，政府出台了一系列政策措施。例如，2005 年，国家体育总局将山地户外运动设为正式开展的体育项目，这标志着我国户外运动进入了快速发展阶段。此后，政府还加大了对户外运动基础设施的投入和建设力度，提高了户外运动的安全性和规范性。

在政策推动下，我国户外运动产业也迎来了产业升级和转型的关键时期。一方面，传统户外运动项目如登山、徒步等仍然保持着强劲的发展势头；另一方面，新兴户外运动项目如滑翔伞、越野跑等也逐渐崭露头角并受到了越来越多人的喜爱。此外，随着科技的不断进步和创新应用，户外运动装备和器材也在不断升级和更新换代。

5. 社会环境的变化与户外运动的新趋势

除了政策推动和产业升级外，社会环境的变化也为户外运动带来了新的发展趋势。一方面，随着城市化进程的加速和人们生活节奏的加快，越来越多的人开始寻求一种能够放松心情、缓解压力的生活方式。户外运动作为一种亲近自然、释放压力的方式，逐渐成为城市人群的新宠。另一方面，随着人们健康意识和环保意识的增强，越来越多的人开始关注户外运动对身心健康和自然环境的影响。因此，绿色、低碳、环保成为户外运动发展的新趋势。

例如，近年来露营热潮的兴起就与人们对自然环境的关注和向往密不可分。越来越多的人开始选择到郊外或山区进行露营活动，享受大自然的美景和宁静。同时，一些环保组织也开始积极参与户外运动，倡导绿色出行和低碳生活理念。

综上所述，我国户外运动的发展历程经历了从起步到发展的漫长过程。从最初的探险和极限挑战到现在的多样化和大众化趋势，户外运动在我国不仅成为一种时尚、健康的生活方式，而且成为推动社会经济发展和文化交流的重要力量。未来，随着市场的不断扩大，我国户外运动产业将迎来更加广阔的发展前景和无限可能。

第三节　开展户外运动的价值

一、健康促进价值

（一）新的休闲生活方式

由于户外运动能够带给参与者快感和愉悦，加之自然环境的壮美，因而备受广大体育爱好者和旅游爱好者的青睐，目前已风靡全世界，成为当今人们追求的生活时尚。随着物质和文化生活的日益丰富，人们更崇尚对生活质量和身心健康的追求。户外运动倡导的是“健康、环保、友谊”的生活观念。可以说，户外运动本身代表的就是一种现代休闲生活方式，这是一种与都市生活截然不同的生活方式。人们离开繁忙、拥挤的都市，离开传统的体育场馆，走向荒野，纵情于山水之间，向大自然寻求人类生存的本质意义。参与户外运动不仅可以对人体的机能健康产生重要影响，调适人的心理状态，而且，人们通过户外运动领略大自然的风光美景，更加亲近、珍惜和热爱自然，同时加深了人与人之间简单、真诚的人际交往。户外运动的参与使人们摒弃现代文明带来的舒适与慵懒，充分体会一种回归人的本性与初衷、检验人的智慧与力量的乐趣。这种积极健康的生活观念正在扩散并影响社会的各个阶层，对于提升国民的生活质量起着良好的促进作用。

（二）满足健身祛病需求

适宜的运动是人体保持健康状态的重要手段。运动医学证明，不锻炼的人从30岁起身体机能就开始下降，到55岁身体机能只相当于他最健康时的1/3；而长期坚持锻炼的人到了五六十岁，身体机能依然十分稳定。由于运动不足而出现的各种“文明病”正威胁着人类。有统计显示：1995年美国排在前5位的死亡致因分别是心血管疾病（占32%）、癌症（占23%）、脑血管疾病（占7%）、慢性疾病（占4.5%）、意外事故（占3.8%），这些死亡致因与环境恶化和心理紧张加剧密不可分。1996年美国医疗保健费用高达1万亿美元，占其国民生产总值的15%左右；日本2000年的医疗保健费用也达到了38万亿日元；人们在健康上的支出，已成为各国国民经济的沉重负担。据统计：2017年我国死亡率较高的疾病分别是脑卒中、心脏疾病和癌症；2021 年我国医保基金总支出达 2.4 万亿人民币。鉴于此，世界各国政府纷纷重视群众体育和全民健身。长期从事适宜的户外运动能够对机体的相关系统和器官起到良好的刺激和按摩作用，有助于改善神经系统，促进血液循环，改善大脑的营养状况，促进脑细胞的代谢，使大脑功能得以充分展现。户外运动不仅可以使人在活动中感受愉悦、交流思想，而且可以增强机体的免疫力，防止疾病的发生，消除现代“文明病”对机体的侵蚀。户外运动强调参与者参与过程的愉悦和满足、自我挑战等活动体验，在健康的自然环境中，参与者可以根据自己的健康需要，结合自己的生理特点、活动目的、场地设备，以及个人兴趣爱好，加以综合考虑，灵活多样地采用合适的运动方式和运动强度参加户外运动。另外，个人参与户外运动非常强调主体性，而较少受制于规则性和强迫性，因此，户外运动健身的效果非常突出。

（三）促进心理健康发展

户外运动，作为连接人与自然的重要桥梁，能够强健体魄，促进心理健康发展。在快节奏的现代生活中，人们面临着前所未有的心理压力，而户外运动以其独特的魅力，成为缓解压力、提升心理健康的重要工具。

首先，户外运动为人们提供了一个逃离日常喧嚣、亲近自然的机会。置身于青山绿水之间，呼吸着新鲜的空气，人们能够暂时忘却工作、学习等带来的烦恼，让心灵得到彻底的放松。这种与自然的亲密接触，有助于降低焦虑水平，减少抑郁情绪，增强个人的幸福感和满足感。例如，徒步穿越森林，聆听鸟鸣虫唱，能够让人感受到大自然的宁静与和谐，从而有效缓解心理紧张。

其次，户外运动能够激发积极情绪，增强自信心。参与户外运动往往需要一定的勇气和毅力，尤其是在面对挑战和困难时，如攀岩、徒步穿越等。当个体成功克服困难、完成目标时，会获得巨大的成就感，这种正面反馈能够极大地提升个人的自信心和自我效能感。同时，户外运动中的团队合作，如户外拓展、定向越野等，还能培养人的集体荣誉感和团队协作精神，进一步促进心理健康发展。

再次，户外运动有助于人们养成健康的生活习惯，改善睡眠质量。长期进行户外运动，可以消耗人体多余的能量，调节身体机能，提高睡眠质量。良好的睡眠是心理健康的重要保障，它能够帮助人们恢复精力，减少情绪波动，保持心理平衡。此外，户外运动还能促进身体释放内啡肽等快乐激素，使人心情愉悦，减轻心理压力。

最后，户外运动还有助于提高个体的应对能力和韧性。面对复杂多变的环境和挑战，户外运动要求人们不断适应和调整，这有助于培养个体的灵活性和应变能力。当人们在户外运动中学会面对困难、解决问题时，这种能力也会迁移到日常生活中，帮助他们更好地应对各种挑战和压力。

总之，户外运动以其独特的优势，成为促进心理健康发展的重要手段。它不仅能够让人们暂时逃离都市的喧嚣，享受大自然的宁静与美好，还能激发积极情绪，增强自信心，养成健康的生活习惯，提高应对能力和韧性。

二、冒险挑战价值

户外运动，以其独特的冒险与挑战性，成为许多人追求刺激、实现自我突破的重要途径。在户外，人们可以面对自然的原始力量，体验前所未有的刺激与震撼，这不仅是对身体极限的挑战，而且是对心灵与意志的洗礼。

冒险挑战，让人在极限中找寻自我。无论是攀岩峭壁，还是徒步穿越无人区，每一次尝试都充满了未知与危险。然而，正是这些挑战，激发了人们内心深处的勇气与决心。当成功跨越一道又一道难关，人们会发现，自己比想象中更加坚强与勇敢。

户外运动中的冒险挑战，也是一次心灵的成长之旅。面对自然的壮丽与辽阔，人们会感受到自己的渺小，从而学会敬畏自然，珍惜生命。同时，在挑战中，人们也会更加深刻地认识到自己的潜能与价值，学会在困难面前保持乐观与坚韧。

户外运动的冒险挑战，还有助于培养团队精神和协作能力。在户外探险中，人们往往需要依靠团队的力量，共同面对困难，解决问题。这种经历，不仅能够加深彼此之间的了解与信任，还能提升团队的凝聚力和战斗力。

三、文化教育价值

每次户外运动都可以说是一次文化之旅。在参与过程中，人们可以欣赏到美丽的自然风景，可以接触和了解不同自然环境的特征，感受大好河山的震撼魅力，从而增进自身对地理环境知识、历史文化的了解，增加对历史文化的认同感，也能增强环境保护意识。户外运动还可以使人们在活动中尽情地宣泄自己的情感，交流和表达自己的思想。活动中人们多姿多彩的表现就是不同思想文化的碰撞与展示。因此，在一定意义上讲，户外运动实践是一个舞台，这个舞台可以反映参与者精神文化的修养内涵及其程度。同时，在共同的活动中，参与者的思想文化修养可以相互影响，可以学习和借鉴他人之长处，提高自身的思想文化修养水平，进而促进社会文明进步。①

四、环境保护价值

户外运动，作为现代人追求健康、释放压力的重要方式，其不仅仅对个体的身心健康有着显著的促进作用，更在环境保护方面展现出独特的价值。这一价值体现在多个层面，从个人行为到社会影响，再到产业创新，户外运动都在默默地守护着我们的绿水青山。

首先，户外运动提升了公众的环保意识。在户外活动中，人们直接接触大自然，亲眼看到了生态环境的美丽与脆弱。这种直观的感受促使参与者更加珍视自然资源，自觉维护环境。许多户外运动爱好者在享受自然美景的同时，也主动承担起保护环境的责任，如清理沿途垃圾、避免破坏植被等。这种行为的示范效应，不仅提升了个人素质，而且带动了周围人群的环保意识。

其次，户外运动推动了环保理念的传播与实践。随着户外运动的普及，越来越多的赛事和活动开始融入环保元素，如绿色跑步、无痕山林等。这些活动不仅倡导低碳、无污染的出行方式，还鼓励使用环保材料，减少一次性用品的使用。通过这些活动，环保理念得以在更广泛的范围内传播，激励更多人参与环保实践。

再次，户外运动产业的发展也促进了环保技术的创新与应用。为了满足户外运动爱好者的需求，行业企业开始研发和生产环保性能更好的运动装备和设施。例如，使用可降解材料制成的跑鞋、衣物等，既满足了运动需求，又减少了环境污染。此外，一些户外运动基地和景区也开始采用环保技术和设施，如太阳能照明、垃圾分类回收等，进一步提升了环保水平。

最后，户外运动还有助于推动生态旅游的可持续发展。生态旅游是一种强调在保护自然环境的前提下进行的旅游活动。户外运动作为生态旅游的重要组成部分，其发展有助于平衡旅游需求与环境保护之间的关系，实现旅游业的绿色转型。

---

① 王华．现代户外运动开展的多维度探索 [M]. 长春：吉林大学出版社，2024.

第二章　户外运动对体育产业的影响

第一节　体育与经济

一、体育经济的特征

体育经济，作为现代市场经济的一个重要组成部分，展现出独有的特征，尤其在体育商品与消费者行为方面表现得尤为突出。这一经济形态不仅融合了体育与经济的双重属性，还通过创新性的体育商品和多元化的消费者行为，推动了体育产业的蓬勃发展。

体育商品，作为体育经济中的核心元素，具有鲜明的特性。它们是物质产品的延伸，更是精神价值的载体。体育商品的消费，往往伴随着欣赏、参与、留存和发展等多种形态，满足了消费者多样化的需求。例如，一场精彩的体育赛事，消费者可以通过购买门票进行现场观看，享受视觉和精神的双重愉悦；同时，他们还可以通过购买相关的体育用品、纪念品等，将这份体育精神带回家中，长期留存和回味。

在体育经济中，消费者的行为也呈现出多元化的特点。他们是体育商品的被动接受者，更是体育活动的积极参与者和创造者。随着生活水平的提高和消费观念的转变，越来越多的消费者开始注重体育消费的品质和体验，他们愿意为高质量的体育赛事、健身课程、体育用品等支付更高的价格。同时，消费者对于体育商品的个性化需求也日益增长，他们希望通过体育消费来展示自己的独特品位和生活方式。

体育经济的创新性也是其不可忽视的特征之一。随着科技的不断进步和体育产业的快速发展，体育商品的生产和销售方式也在不断创新。例如，通过大数据和人工智能技术，相关企业可以更加精准地分析消费者的需求和偏好，为他们提供更加个性化的体育商品和服务。同时，虚拟现实、增强现实等新技术的应用，也为消费者提供了更加沉浸式的体育消费体验。

此外，体育经济还具有显著的社会效益。它不仅能够促进体育产业的发展和经济增长，还能够提高人们的身体素质和健康水平，推动社会文明进步。在体育经济的推动下，越来越多的体育场馆、健身中心等设施得以建设和完善，为人们提供了更加便捷、高效的体育消费场所。

（一）什么是体育商品

商品是一切利益的起点，体育也不例外，而且利益的承载者就是商品本身，如果没有对商品的认识就无法对利益本身作出决策。所以，对体育商品的梳理是必然的。

1. 体育商品的概念

只有在市场经济条件下，体育产品才可以进入体育市场；而体育产品生产者与消费者之间进行交换、各取所需，体育商品才得以形成。

体育商品包括有形的体育用品，如运动器材、运动服装、运动鞋、体育保健品等，这些商品是体育运动的基础，为运动员和运动爱好者提供了必要的装备和保障。体育器材如各种球类、球拍、跑道等，是各类体育运动的基本工具；运动服装则注重舒适性、透气性和功能性，以满足不同运动的需求；运动鞋则根据不同运动的特点，具有减震、支撑、防滑等特殊设计。体育商品还包括无形的体育服务，如体育教育、训练、竞赛、表演、咨询等。这些服务是体育的“本质”产品，体现了体育活动的价值。例如，体育教育服务旨在培养体育人才，提高人们的体育技能和身体素质；体育竞赛和表演则为人们提供了观赏和消费的对象，满足了人们的娱乐和精神需求。此外，体育商品还涉及与体育相关的各种权益，如比赛门票、冠名权、电视转播权、独家赞助权等。这些权益的转让与开发，进一步丰富了体育商品的内涵和外延。

2. 体育商品的属性与特征

体育商品作为一种劳动产品，与物质商品一样具有一般商品的属性，即体育商品是具体劳动与抽象劳动的统一、使用价值与价值的统一。体育商品不仅是物质产品，而且是一种精神产品。从体育商品的概念上来看，体育商品不仅是以物质形态而存在的，而且是以非物质形态而产生价值的。那么体育商品的特征就是这两者的统一，即在满足人们物质需求的同时，满足人们的精神需求。体育商品具有物质和精神双重属性。

体育商品具有物质属性。体育商品作为体育产业的核心组成部分，其物质属性是不可忽视的重要特征。这一属性主要体现在体育商品作为实际存在的物品，具有可以被感知、触摸和使用的特性。

首先，体育商品的物质属性体现在其物理形态上。无论是篮球、足球等运动器材，还是运动鞋、运动服装等装备，它们都以具体的物质形态存在，具有明确的形状、大小、重量等物理特征。这些物理特征决定了体育商品的使用功能和适用场景，满足了不同体育活动的需求。其次，体育商品的物质属性还体现在其使用价值上。作为实际存在的物品，体育商品具有明确的使用价值，可以满足人们进行体育活动的需求。例如，篮球可以用于投篮、运球等动作，运动鞋可以提供舒适的穿着体验和良好的运动保护，这些都是体育商品物质属性的具体体现。最后，体育商品的物质属性还与其质量和安全性密切相关。作为供人们使用的物品，体育商品的质量和安全性至关重要。优质的体育商品不仅具有很好的使用性能，还能保障使用者的安全和健康。因此，在体育商品的设计和制造过程中，需要严格遵守相关标准和规定，确保其物质属性的稳定和可靠。

体育商品具有精神属性。体育商品作为体育产业的核心组成部分，具备物质属性，能够满足人们在体育活动中的基本需求，更重要的是，它还蕴含着丰富的精神属性，深刻影响着人们的心理、情感乃至生活方式。

首先，体育商品的精神属性体现在其象征意义上。每一件体育商品，无论是球衣、球鞋，还是比赛门票、纪念品，都承载着特定的体育文化和团队精神。它们不仅仅是实用的物品，还是连接粉丝与运动员、球队之间的情感纽带。穿上偶像同款的球衣，仿佛就能与偶像并肩作战；收藏一枚比赛用球，就如同珍藏了一段难忘的体育记忆。其次，体育商品的精神属性体现在其激励作用上。在体育竞技中，优秀的体育商品能够激发人们的斗志和拼搏精神。一件设计精美、寓意深远的运动装备，不仅提升了运动员的竞技状态，而且激励着他们不断挑战自我，追求卓越。对于观众而言，拥有与喜爱球队相关的商品，也能在精神上给予他们支持和力量，让他们在观看比赛时更加投入，更加热血沸腾。最后，体育商品的精神属性还体现在其社交功能上。在现代社会，体育已经成为人们社交的重要话题之一。拥有共同的体育爱好和商品，能够迅速拉近人与人之间的距离，促进交流和友谊。一件独特的体育商品，往往能成为人们社交场合中的亮点，引发话题，增进彼此的了解和信任。

（二）消费是利益分析框架的关键

从利益的角度分析消费的尝试由来已久，英国经济学家亚当·斯密在《国富论》中早有论断：消费是一切生产的唯一目的，而生产者的利益，只能在促进消费者的利益时，才应当加以注意。除此之外，德国政治经济学家马克斯·韦伯在《经济与社会》中认为，地位的概念与“消费”和“生活方式”联系在一起。德国社会学家齐美尔关于消费的认识最多的是“时尚”，时尚本质上是“阶级区隔的产品”。对于体育而言，体育商品是利益的出发点，而消费则是体育商品的基础。那么，分析消费就要从消费者开始，消费者偏好是体育商品存在的基础。另外，体育消费也已形成文化与机制。法国社会学家皮埃尔·布迪厄在《区隔》中认为，个人的习惯通过分层与品味的机制影响他人的行为。那么，当体育消费成为体育商品的唯一目的时，就会对社会分层产生影响。

消费者偏好来自经济学领域，经济学家认为，商品的基础来源于消费者偏好，也就是说，消费者在心理上更喜欢哪种商品或商品组合。它在一定程度上产生于人类的基本需要，如人们需要食物充饥，需要衣服御寒，不同的人有不同状况，食物和衣服对他们而言不是同等重要，因此他们对于这两种商品的偏爱程度当然会不相同。消费者对于体育商品的不同偏爱程度就是消费者的体育偏好，当然，体育偏好也会因不同的状况对某个运动项目有不同的偏好。

社会环境和个人状况是影响消费者偏好的两个方面。这两个方面不仅影响了消费者偏好，而且使消费成为一种生活方式区隔人群。社会环境方面包括经济、政治和文化因素，在经济学上论及的体育偏好及其变化，更多地涉及当时、当地的社会风俗习惯。一项运动在某些地方广泛流行，深受人们喜爱，而在另外一些地方可能就不是那么受欢迎。例如：风靡全球的足球运动号称世界第一运动，但在体育商业化最为发达的美国，足球运动不是第一运动，而美国的篮球运动开展得如火如荼。个人状况方面包括个人受教育程度、文化修养、社会地位、社交范围、职业、年龄以及性别等因素，不同年龄、性别、文化程度的人对体育运动项目会有不同的偏好。例如：有的人喜欢观赏竞赛表演，有的人喜欢参加体育锻炼；青年人喜欢激烈的运动，如足球、篮球，而老年人则喜欢平缓的项目，如太极拳、气功。

二、体育经济的供求分析

当体育商品成为利益的承载者，体育生产者和消费者之间形成了交换行为时，体育经济就成为一个相对完整的经济系统。而这个系统的表现方式就是供需关系相互作用形成价格的过程。因此，在了解商品供需情况基础上做出正确的价格分析是体育经济学的一般性分析，影响供求关系的因素是社会学分析体育经济的切入点。

体育商品的供求关系是体育与经济的关系的表现形式。供求关系呈现了体育商品的价格变动，从而反映出整个体育市场中体育商品、消费者、生产者之间的变动关系。而国内体育生产总值是一个综合数据，它表明了个人消费、政府消费在体育消费中的额度。由此，也说明影响体育商品的因素包括消费者行为、生产者行为以及政府行为。

（一）体育需求与价格之间的关系

在社会学中，消费者对各种物品及服务的需求可分为必需品和非必需品。从物质角度而言，食品、住宿、医疗等可算作必需品，而娱乐、运动服饰可算作非必需品。而经济学是教会我们如何选择的一门科学。也就是说，当必需品和非必需品进入市场以后，生产者需要了解的是消费者是如何决策的。需求和价格之间的关系是吸引生产者提供体育商品的基本关系。体育需求是指体育消费者在某一特定的时期内，在一定体育市场上的各种可能的价格水平上愿意并且能够购买的体育商品的数量。体育需求是符合需求定律的。因此，使用需求函数是分析体育商品需求与价格之间关系的必要工具。体育商品的需求量与此商品的价格可用以下函数表示：

$$Q=f(P)$$

式中，P 为这种体育商品的价格，Q 为这种体育商品的需求量。

把一种体育商品在不同的价格下的需求量排列起来，就可以得到这种体育商品的需求表。把表中的每一组需求量和价格的对应作为点的坐标，在直角坐标系中可得到需求曲线（见图 2–1）。

也就是说，如果某一赛事的门票价格 P 突然由 10 美元降至 5 美元时，会有更多的人想去购买门票，但是门票价格由 10 美元上涨为 15 美元时，则会使购买门票的人数下降。图 2–2 表示的是当需求量产生变化的时候，即 1000 张门票增加为

1500 张时，需求曲线由 *A* 移动到 *B*，也就是在非价格因素的影响下，需求曲线的整体变动。因此，需求函数与需求曲线反映了需求与价格的变动。

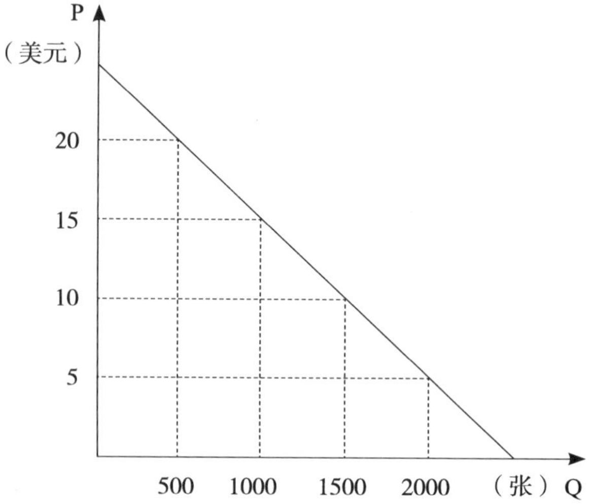

图 2–1　需求曲线

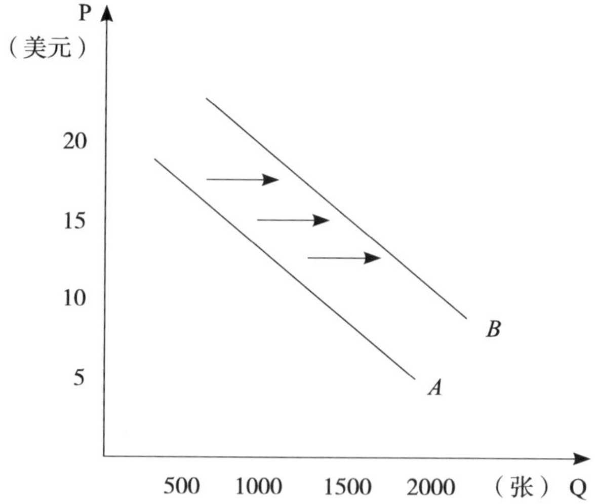

图 2–2　需求量与需求变动曲线

（二）体育供给与价格之间的关系

体育供给揭示的是价格与体育消费供应商愿意并且能够提供的体育商品数量之间的关系。体育供给的目的是满足体育需求，体育供给表现为体育经营者愿意提供的体育商品，它也是体育经营者能够提供的体育商品。因此，使用供给函数也是分析体育商品的供给与价格之间关系的必要工具。体育商品的供给量与此商品的价格可用以下函数表示：

$$Q_s=f(P)$$

式中，P 为这种体育商品的价格，Q_s 为这种体育商品的供给量。

把一种体育商品在不同的价格下的需求量排列起来，就可以得到这种体育商品的供给表。当把表中的每一组供给量和价格的对应作为点的坐标，就可在直角坐标系中得到供给曲线（见图 2-3）。

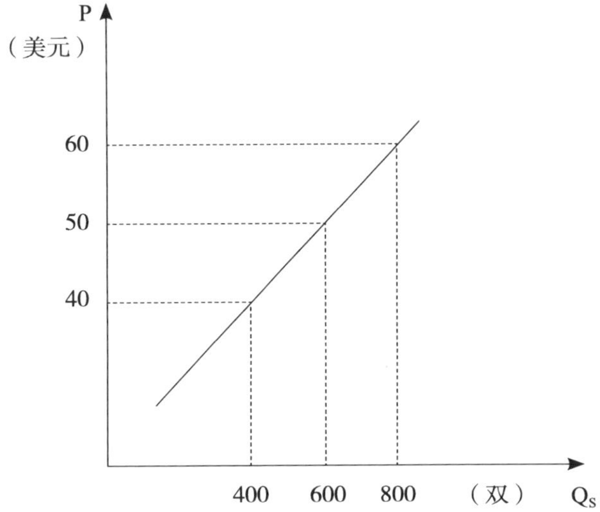

图 2-3　供给曲线

也就是说，如果篮球鞋的价格 P 为 40 美元，生产数量达到 400 双，篮球鞋的生产数量将随着销售价格变动而变动。当销售价格上升为 50 美元的时候，生产数量变为 600 双。

图 2-4 表示的是当其他因素即供应商目标、生产技术、其他体育商品的价格不变的情况下，体育商品本身的价格变化。图 2-5 表示体育商品本身的价格不变，其他因素变化而引起的供给曲线移动。

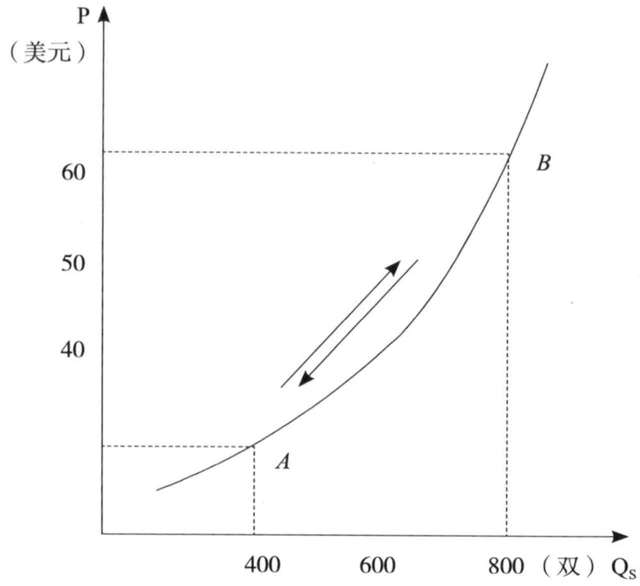

图 2-4　供给量与供给变动曲线

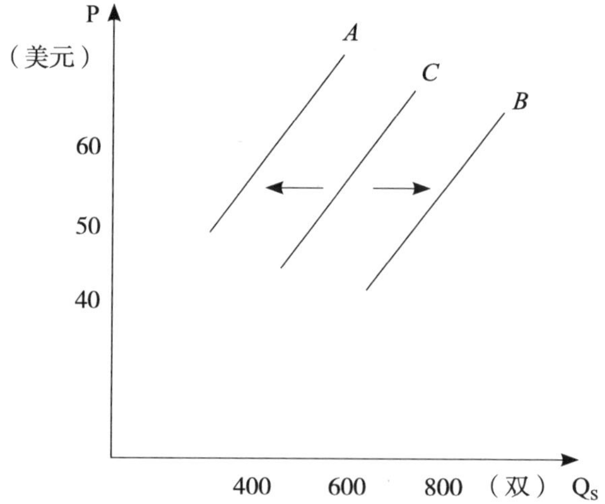

图 2-5　需求量与需求变动曲线

供给曲线代表价格影响生产数量的关系，需求法则是供给法则的反向推论。若其他条件相同，价格越高，生产数量将越多；反之，价格越低，生产数量将越少。当价格上扬时，表示产品利润走高，所以厂家会增加生产数量来提高利润；生产成本相似时，也会由生产低价产品转而生产高价产品；此外，因有利可图，其他厂商将进入市场。

（三）国内体育生产总值

国内生产总值的架构，决定体育产业的国内生产总值，此值可称为国内体育生产总值（GDSP）。国内体育生产总值是国民体育产业的产品及服务的总和。GDSP 的估算中包括个人体育消费额（PSC）、体育投资总值（GSI）、政府体育购买额（GSP）、体育出口净额（NSE），表示为下式：

$$GDSP=PSC+GSI+GSP+NSE$$

1. 个人体育消费额

个人消费额与消费者，与由体育产业所生产商品方面的支出，以及以服务为目的的体育商业所提供的服务有关。从体育商品的概念延伸出来，消费者在体育上的花费大致分为对物质商品的花费和对观念性商品的花费，也就是购买商品本身和购买服务以及消费者自身的娱乐与休闲。①

2. 体育投资总值

体育投资总值是指用于体育产业的各种投资活动的体育商业支出，也就是企业行为。与其他产业一样，体育企业会时常投入一大笔运营收入的金额用于购买必需性的体育设备、存货和建造新设备。体育设备是体育商业中最重要的支出。体育设备指的是参与者参与体育或从事身体活动时的基本设备。每年体育企业和组织都会在各种类型的设备上花费大笔的金额。这些支出范围从小的计时器到体育俱乐部购买的大型设备。也就是说，体育商品的制造、配销、销售等领域都是企业投资的范围。体育投资总额来自体育制造商、配送仓库、体育商品零售店等。

3. 政府体育购买额

政府对于体育资源的投入与各级政府为满足民众体育服务的需求及发展有关。政府花费在体育上的支出，一般通过三个领域实现：共有的体育设施的建设与维护；社区休闲场所与地方公园设施的购入与维护；对于各种体育比赛活动的承办组织投标。

政府对共有体育设施的建设与维护涉及各级政府在财力资源上的投入，这些投入用于全国和地方各级各种体育功能的公共大型集会设施的建造，或是既有体育设施的重建与修缮。

---

① 陆小聪．现代体育社会学 [M].2 版．上海：上海大学出版社，2020.

4. 体育出口净额

体育出口净额是指单一年度一个国家体育出口及进口之间的差额。体育出口与国内制造的体育用品在其他国家的销售额有关，这些体育用品的种类包括体育服装、运动鞋、钓鱼用具、自行车、健身房设备、赛车等。

全世界对体育用品的需求都处于持续增长的状态，特别是年轻人群，品牌对他们极具吸引力。

三、体育与经济的因素分析

德国社会学家齐美尔早在 1917 年就以《社会学的基本问题：个人与社会》为题，对这个问题做出了明确的判断。齐美尔认为，个人之间是处在不断的互相作用过程之中的，由于个人之间的互相作用而联系起来的网络就是社会。因此，社会只不过是对互动中的一群人的称呼。社会学的任务是要阐明个人与社会的关系，即阐明个人怎样互相交往而形成群体、制度规范与秩序，反过来它们又是怎样制约个人的社会行动的。因此，体育与经济的关系事实上就是参与体育的三个因素的相互关系，即消费者、企业和政府相互作用在政治、经济、文化等领域发挥体育的作用。图 2–6 表现的是企业根据消费者需求生产体育物质商品，根据体育专业人员和赛事需求生产体育非物质商品，通过媒体传播体育；政府一方面管理体育赛事以及运动员，另一方面从企业购买体育商品满足大众的体育需求。

当消费者、企业和政府形成稳定的供求关系之后，三者的职能区隔逐渐显现出来，体育与经济的关系就呈现为需求与供给关系（见表 2–1）。不同指标区隔的不同的消费者群体是产生巨大体育需求的主要因素，而提供体育商品的生产者组织主要包括企业和体育专业人员，政府行为是在供给层面为大众提供体育服务，其行为是非营利的。相对于体育生产者而言，政府同样是一种特殊的消费群体，政府代表的是大众需求，必须通过政府购买来满足大众的一般性体育需求。

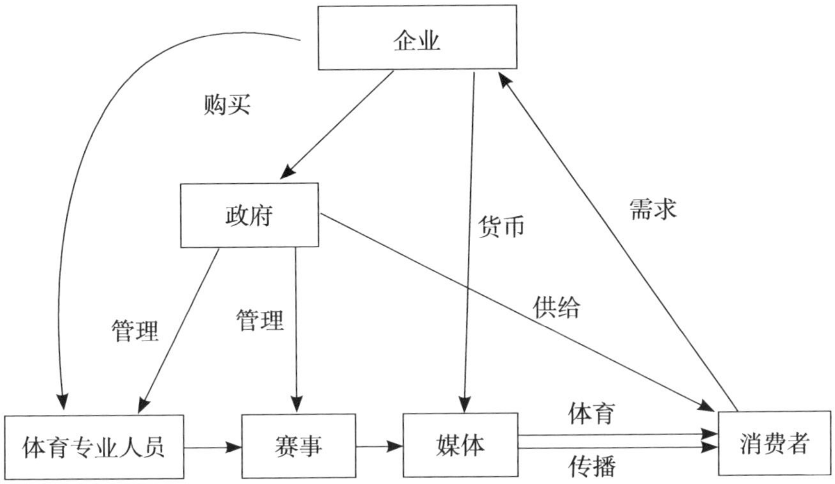

图 2-6　体育与经济的关系

表 2-1　影响供求的社会因素

因素	消费者	政府	企业
行为	进行体育消费	为全民提供运动	满足公共需求，创造利润
目的	健身、娱乐、沟通等	为公民和地区健全体育设施非营利	利润极大化
财源	自身的生产	主要是税收	私人投资、门票费用、会费等
参与人员	全体劳动者	公职服务人员	专业人员
场所	公共体育设施、收费体育设施	市立公园和休闲中心等	私人运动俱乐部和职业运动队等

（一）体育消费

体育消费者的行为与体育市场经济的发展有着直接的联系。体育消费者行为的形成和发展对体育市场经济的发展产生直接的影响。体育是人类社会特有的一种为了生存和发展而开展的自觉性、社会性的活动。当体育与经济相互关联的时候，出现了体育产业化、市场化、商品化的趋势，这就表明体育与经济有着相当密切的关系，而参与社会生活主体的人的活动成为联系两者的行为主体。所以，体育消费者是体育的主体，是体育存在和发展的基础。一定数量和质量的体育消费者群体是社会结构的中心要素，它对体育和经济的发展有着十分重要的影响。

体育消费一般被认为是个人的行为，但这种个人行为不是独立发生的，它会受到体育消费者自身因素及各种外界因素的影响。分析影响体育消费者行为的自身因素，对于企业和政府正确把握体育消费者行为、选择目标市场、有针对性地开展体育市场营销活动具有极其重要的意义。消费者购买商品首先受到自身因素的影响。

影响我国体育消费者行为的因素是多方面的，大体上包括自身的爱好、性格，自身的需求，自身的经济状况，自身的文化水平和职业特点，以及自身的年龄和性别特征等。体育生产者要想抓住体育消费者的消费心理，就必须从这些方面入手，了解消费者的不同特征，根据消费者的需求制定不同的营销策略，引导消费者合理消费，达到共赢的目的。

（二）体育生产者

1. 企业

影响体育供给的一个重要因素是企业。企业不仅承担着体育商品的生产任务，而且是体育商品的经营群体。

由于市场化特征的影响，企业的职能就是发现可以提供需求服务的商机，也就是说，能发现以平均生产成本更高价格销售产品机会的运作实体。企业提供的体育商品是通过两种产品供应链的方式使产品到达消费者手里的。一种是用于物质商品的供应链：未加工原料→制造商→批发商→零售商→消费者。所以，体育商品自身的价格是由企业的成本高低来确定的；企业进行体育生产的技术水平可以降低生产成本。也就是说，通过机械化制造体育用品的供应商比运用手工业制造体育用品的供应商所提供的产量要多；体育供应商的数量及其预期都会影响供给；企业决策者对体育的爱好和认识程度，对体育资助有着重要影响。就企业本身而言，大多数的体育组织都是股份（有限）公司，而股份（有限）公司是指独立于厂商所有权的合法实体。另一种是服务性的体育商品的产品供应链：经营群体→体育专业人员→消费者。也就是说，企业成为经营群体从事体育经营活动是管理体育专业人员生产非物质体育商品以达到消费者的需求。首先，这种经营群体反映了体育与经济的关系，也就是社会基本的生产关系，讲的是人与人之间的某种根本的经济利益关系。如各个俱乐部之间的关系，俱乐部与投资方之间的关系，俱乐部与球员、教练的关系以及联盟和俱乐部与观众的关系等。具体地说，合理的职业俱乐部联盟的经营群体的决策权应该由组成联盟的各个俱乐部代表来决定。俱乐部老板、总裁、球员、教练员、裁判员通过决策权使之处于社会分工不同环节上的主体相互协调起来，保证体育市场体系的稳定、均衡的运行。激励生产主体，合理分配产品和收入，以保持体育市场的活力和生产主体的创新动力。约束运动员、教练员、裁判员的行为，促使其能够正常地进行生产活动。其次，这种经营群体反映了企业与观众的关系。企业是体育商品的经营者，其必须了解消费者的需求，消费者的需求是多样化的、多层次的。因此，职业联盟的经营群体的职责就是根据消费者多样化和多层次的需求，不断提高非物质体育商品的质量和服务水平，培养大众对联赛的热情，并将这种热情转化为对品牌的忠诚度，品牌忠诚度的增长对赛事的入场率和电视的收视率及销售计划等都是有利的。

2. 体育专业人员

体育的生产者除了企业之外，还有专业的体育人员，包括运动员、教练员、裁判员等。非物质的体育商品的生产是一个系统化的工程。在整个篮球文化的系统内，每一个方面都可能产生不同的影响。尤其在这个群体内，运动员在赛场上的拼搏过程也是教练员实现他的指导的过程，这两者的实践过程产生了非物质商品的基本现象。具体而言，通过运动员、教练员、裁判员所生产出来的非物质体育商品的概念大致有：观众所期望的最终结果；不可预测的比赛过程；赛场上自己崇拜的偶像球星技战术水平的发挥；比赛过程中双方队员的技术表现；比赛过程中灵活多变的战术运用；教练员临场指挥水平；裁判员的执裁水平。

因此，运动员、教练员是非物质体育商品的载体，非物质体育商品是通过他们的表演体现出来的。

（三）影响需求和供给变动的因素

1. 影响体育需求的因素

体育产品价格：体育产品或服务的价格是影响消费者需求的关键因素。一般来说，价格越低，消费者的购买意愿越强，体育需求相应增加。反之，价格上升可能导致需求减少。然而，值得注意的是，对于某些高端或独特的体育体验，价格上升可能被视为品质的象征，从而激发特定群体的购买欲望。

消费者收入水平：消费者的经济能力是决定体育需求的重要因素。随着收入水平的提高，人们有更多的可支配收入用于体育消费，包括购买体育装备、参与体育活动、观看体育赛事等。因此，经济增长和消费者收入增加通常会刺激体育需求的增长。

余暇时间：现代社会中，人们的工作和生活节奏日益加快，余暇时间成为制约体育需求的重要因素。余暇时间的增加使得人们有更多的机会和可能去参与体育活动，从而推动体育需求的增长。

人口结构：人口年龄、性别、教育程度等结构特征也会影响体育需求。例如，年轻人通常对体育活动有更高的兴趣和参与度，而老年人可能更倾向于休闲体育。此外，教育程度的提高往往伴随着对健康生活方式的追求，进而增加体育需求。

替代效应：其他娱乐活动的可获得性和吸引力也会影响体育需求。当其他娱乐活动更加吸引人时，消费者可能会将时间和金钱从体育活动中转移出去。

2. 影响体育供给的因素

体育产品价格：与需求类似，体育产品的价格也会影响供给。价格上升通常会激励生产者增加产量，因为更高的价格意味着更高的利润。然而，价格上升也可能导致生产成本上升，特别是如果生产需要更多的高质量资源或技术投入。

生产成本：生产成本是决定体育供给的关键因素之一。包括场地租赁、设备购置、人员工资等在内的各项成本上升会增加生产者的负担，从而降低供给量。相反，技术进步和规模经济效应可以降低生产成本，增加供给量。

体育基础设施：体育设施的规模和质量直接影响体育服务的供给能力。良好的体育设施可以吸引更多的消费者和投资者，从而推动体育供给的增长。反之，设施落后或不足会限制体育供给的扩大。

政府政策：政府对体育产业的支持政策，如税收优惠、资金补贴、土地供应等，可以降低生产成本，提高生产者的积极性，从而增加体育供给。相反，限制性政策可能会抑制体育供给的增长。

市场需求：市场需求是体育供给的重要驱动力。当市场需求旺盛时，生产者会积极增加供给以满足消费者需求。反之，当市场需求不足时，生产者可能会减少供给以避免库存积压和损失。

第二节　户外运动经济与发展

一、户外运动经济的发展背景

生活水平提高：随着经济社会发展和生活水平的提高，人们越来越注重健康和生活质量，户外运动作为一种贴近自然的休闲方式，逐渐受到大众青睐。

政策支持：近年来，国家体育总局、国家发展和改革委员会等部门出台了一系列促进户外运动产业发展的政策文件，如《户外运动产业发展规划（2022—2025年）》和《促进户外运动设施建设与服务提升行动方案（2023—2025年）》，为户外运动经济的发展提供了有力保障。

二、户外运动经济的发展现状

参与人数激增：近年来，户外运动参与人数呈现爆发式增长。有数据显示，全国户外运动参与人数已超过4亿人次。

消费主力军："90后"、女性以及亲子家庭成为户外运动消费的主力军。女性参与户外运动的热情高涨，打破了男性主导户外运动的格局。

新兴项目涌现：除了传统的露营、登山、滑雪等项目外，飞盘、桨板、陆冲等新兴项目也逐渐受到年轻人的喜爱，成为户外运动的新潮流。

产业链延伸：户外运动产业链长、辐射面宽，能够直接带动公共服务设施建设、装备研发制造销售，间接带动旅游、康养、培训、保险等行业的发展。①

三、户外运动经济的发展趋势

生活化、全民化：户外运动正逐渐走向生活化、全民化，成为国民新的生活方式。越来越多的人开始参与到户外运动中，享受大自然的美好。

专业化、轻便化：随着科技的发展，户外运动装备越来越专业化、轻便化，使得户外运动更加安全、便捷。同时，智能化设备的普及也为户外运动带来了更多的乐趣和体验。

① 杨玉玲．体能、体验与经济：户外运动的多维度探究 [J]. 商展经济，2023（22）：127-130.

文体旅融合：文体旅融合已成为户外运动发展的新趋势。结合体育赛事和旅游活动，可以培育出“跟着赛事去旅行”等品牌项目，推动户外运动与旅游产业的深度融合发展。

绿色、可持续：在户外运动的发展过程中，注重绿色、可持续的理念越来越受到重视。合理利用自然资源、加强环境保护等措施，有利于实现户外运动的可持续发展。

四、推动户外运动经济高质量发展的措施

加强设施建设：完善户外运动场地设施的空间布局，加强资金支持，打造示范工程，提高户外运动场地设施的质量和增加其数量。

创新土地供应方式：通过创新土地供应方式等措施，降低户外运动场地设施建设的成本和时间。

加大政策支持：政府应继续出台相关政策文件，为户外运动经济的发展提供有力保障。同时，加强部门间的协同合作，合力推动户外运动产业的高质量发展。

激发企业活力：鼓励和支持民营企业参与户外运动产业的发展，积极探索发展“公建民营”“民办公助”等方式，激发企业的创新活力和市场竞争力。

加强宣传引导：通过媒体宣传、活动推广等方式，强化大众对户外运动的认知。同时，加强户外运动文化的建设和传播，推动户外运动经济的持续、健康发展。

第三章　我国休闲体育的体育产业与体育文化管理探索

第一节　休闲体育和文化的理论概述

休闲体育是一种用于娱乐、休闲的体育活动。休闲体育是群众性体育活动的重要组成部分，它与竞技体育之间具有一定的区别。需要注意的是，竞技体育的各种运动项目如果应用于休闲，则也可以称其为休闲体育。当某一种体育运动用于竞技比赛时，可被认为是一项竞技体育运动；当某项运动以休闲为目的而开展时，则是一种休闲体育活动。

一、休闲体育的内涵与特点

（一）休闲体育的内涵

1. 休闲体育是以个人为主体的活动

休闲体育是人们在余暇时间自主选择的各种体育活动形式。休闲体育活动与竞技体育活动具有鲜明的差别。人们从事相应的休闲体育活动完全出于自身的兴趣爱好，并且在选择相应的活动方式、运动负荷等方面时，也会根据自身的需求来开展。人们在参与休闲体育活动时，注重的是娱乐性、参与性和健身性等方面，这些是被放在首位的要素，至于休闲体育活动的其他方面的功能和价值，则被放在次要位置。

2. 休闲体育是为了满足个人身心发展的需要

休闲体育不同于其他形式的体育运动，人们参与休闲体育是为了达到健身、娱乐、欣赏、交往等方面的目的，是为了促进身心的全面发展。休闲体育的重要功能是健身，而娱乐和休闲则是其核心。人们在开展休闲体育时，所追求的是运动本身所带来的快乐，强调身体、精神、心理等方面的统一发展。休闲体育强调游戏性和活动性，综合了多方面的功能，注重对身心的养护与调节。

3. 休闲体育具有鲜明的趣味性和新颖性

休闲体育与一般性的健身活动具有一定的不同之处，其主要表现在休闲体育活动充满了趣味性和新颖性。人们在开展相应的休闲体育健身活动时，能够获得身心的愉悦和满足，这也吸引人们长期参与其中。从一定意义上来说，休闲体育是人们开展的一种游戏性的体育活动。

4. 体育具有科学性和艺术性双重属性

休闲体育是具有科学性和艺术性的社会文化活动。现代意义上的各种形式的休闲体育项目是建立在一定的科学基础之上的，这就使得休闲体育活动具有了一定的科学性。休闲体育运动项目中，很多运动项目具有高雅的格调，丰富了人们的文化生活，具有艺术性特点。

5. 休闲体育追求生活的艺术化

休闲体育并不单纯是一种消遣和娱乐行为，而是一种具有功能的体育文化活动。人们在开展休闲体育运动时，会促进自身身心的发展，对于生活质量的提高具有重要意义，更是对生活的拓展和延伸，使得生活乐趣增加，是对生活的艺术化。因此，休闲体育的发展水平在一定程度上反映了一个国家的经济发展水平。

（二）休闲体育的特点

1. 时代性

休闲体育具有时代性特点，这主要表现在不同的历史发展时期，休闲体育活动受到社会背景文化的影响，从而具有相应的时代特点。这也就意味着，在不同的历史发展时期，休闲体育的内容、形式等都有一定的不同。在不同的时代，相应形式的体育活动总是会成为人们乐于接受的休闲形式。休闲体育活动是时代文化的反映，与经济社会、科学技术的发展水平具有密切的关系。经济社会处在不断的发展中，人们的兴趣爱好也在不断变化，休闲体育也因此表现出不同的特点。

2. 流行性

在现代社会，人们的物质和精神文化生活得到了丰富，休闲体育得到了较快的发展。在这一过程中，一些新的休闲体育活动不断被创造出来，并快速在世界范围内传播，这是休闲体育运动的流行性特点。

休闲体育项目的流行性在于，其能够快速在世界范围内传播，但是以后也会逐渐不再流行，这也是流行事物的基本特点。休闲体育活动具有时尚性特点，人们追求新鲜事物，从而使得相应的休闲体育活动快速流行起来，成为人们热衷的休闲体育项目。但是经过一段时间之后，这一类型的休闲体育项目的吸引力可能会下降，从而逐渐被另一种新兴的休闲体育项目代替，虽然不至于消失，但是其影响力会逐渐减弱。现代社会交通便利，传播媒介丰富多样，人与人之间的沟通变得更加便利。在全球化发展过程中，在一个国家和地区流行的休闲体育活动，可能会很快传播至世界各地，从而掀起一股流行热潮。

休闲体育的流行性是由人们的余暇时间和兴趣特点所决定的。当人们拥有了充足的余暇时间时,能够选择和从事自身喜好的活动。人们具有追求新异的特点，这就使得一些休闲体育运动项目逐渐流行然后逐渐褪色。人们的思想观念是不断发展变化的，可能在一个时期不再流行的休闲体育运动项目，随着人们思想观念的改变，而在另一个时期逐渐成为流行运动项目。

3. 参与性

休闲体育运动具有参与性特点，这是其作为体育运动项目最基本的特点。我们都知道，体育运动需要人们去实践、去参与，这样才能够发挥其应有的作用。而休闲体育运动项目的参与性更强。只有参与其中,人们才能够获得相应的体验，从而达到休闲、娱乐的目的。如果不能参与其中，人们也就不能体会到休闲体育的乐趣。

在进行休闲体育研究时，很多人将观看体育比赛归为休闲体育的范畴。从严格意义上来讲，观看体育比赛只能算作一种文化休闲活动。休闲体育运动重在参与和体验，需要运动者亲身实践。而休闲体育的多方面功能和价值的实现，都是人们在参与活动的过程中所获得的。如果我们只是停留在观赏的层面，并不能充分了解休闲体育的乐趣所在。

4. 自发性

休闲体育具有自发性特点。人们在参与相应的休闲体育运动时，都是自觉参与其中的。人们在参与休闲体育活动时，完全出于个体或群体的需要，在余暇时间里开展的活动，其并不是强制参与的，人们根据自身的兴趣爱好决定参与相应的休闲体育活动，不存在非自愿参与的现象。人们在参与各种形式的休闲体育活动时，能够获得心理的满足，能够更好地培养其运动的兴趣，从而在生活中养成良好的锻炼习惯。

在自发参与过程中，人们也能够更好地发挥自身的积极性，在运动中能够获得更好的体验。在开展休闲体育运动时，人们充分享受运动的过程，并且会不断进行思考和创新，不断进行新的尝试，而不会满足于简单的重复，从而在自主创造的空间中获得更好的体验，促进休闲体育的发展。

二、休闲体育文化的价值

（一）激发人们良好休闲意识的觉醒

人的自身活动是休闲体育仰赖的基础，人体通过完成基本活动动作展现休闲体育的意蕴,使本体获得由肌肉至心情的解脱及愉悦。休闲体育囊括了众多运动项目及各类延伸运动方式,使其能够在尽可能大的范围内满足不同社会人群对“玩”的需求。“游戏”是人们在面对“玩”时最为普遍的选择。在自然环境中的动物世界里，动物个体在彼此都熟悉的生存环境中，会因天性而进行玩耍、游戏，这是出于本能的一种自然现象。随着人类的智力和行为能力逐渐高于动物，在人类社会中原有的游戏逐渐被创造成一种相对成熟的活动。这种活动不仅保留着动物本能的特质，还包含着人类为自身生存和发展所进行的创新。尤其是在客观条件相对落后的原始社会和奴隶社会，游戏是提升人们自身生存技能和智力的途径。游戏既是休闲体育最初的体现，也是最本质的体现。尽管有些游戏演变至今呈现出不同类型，但是都能从不同程度满足人们的娱乐需求，使人们享受其中。在许多休闲体育过程中，行为层面上展现的参与者从活动中获得的身心自由感与精神满足感是不完整的。如部分极限运动的旁观者只能看到参与者忍受生理或心理极限时展现的部分痛苦与挣扎,而不能体会到参与者本人才能体会到的畅爽与超越。①

（二）促进人类科学休闲价值观的形成

休闲体育文化是以文化形式出现的社会管理方式。也就是说，它以柔性而非刚性的文化层面作为引导，构建起社会内部合作、奋进、友爱的文化心态环境，协调人际关系，营造和谐的社会氛围，并且还能自动地调节社会成员心态，通过对此文化氛围的心理认同感，逐步内化为社会成员的主题文化，以此获得社会科学休闲价值观的一致认同。

① 周伟峰．体育产业与体育文化发展管理探索 [M]. 长春：吉林人民出版社，2022.

值得一提的是，作为人类生命自觉行为的休闲体育，经历了从生理体能的要求，到生存消费的需求，再到文化精神的诉求的复杂过程，即从物质需求满足后向精神需要的飞跃。它实际上是以人的价值意识主导人的自身生命活动以及调节自身社会关系的过程体现。加之休闲体育文化自身所具备的体育性和人文性，使其在引导社会价值观时，总能将相对积极的、符合历史发展的价值观传送至人们面前。由此，休闲体育文化以其柔性的文化特征，在引导正确社会价值观方面具有重要意义。

（三）确保优良社会休闲文化的传承与延续

事物总处于运动和发展的过程中，休闲文化也不例外。休闲体育文化的自我深化与更新是一个良性循环的过程，同时也能够推动社会休闲文化本身的上升发展；反之，社会休闲文化的进步是触发休闲体育文化自我丰富和升华的一大关键。相互促进的关联，使得休闲体育文化成为保证社会休闲文化完善的重要因素。在现代社会中，众多体育项目纷纷被作为休闲的途径，其中既包含不同国度的特色项目，也囊括了传统和现代不同时期的项目。体育项目在现代社会中的国际性发展决定其具有兼收并用的特点。体育活动作为能够满足人们生理和心理双重需要的、文明而健康的休闲方式组成要素，无论其源于何处，有着怎样的文化背景，都很容易为广大社会成员所接受。各类文化以此交融，消除隔阂，减缓摩擦，更为合理而有序地构成了社会文化及人类文明的整体。

休闲体育文化的形成是一个复杂的过程，往往会受到来自自然、社会、人文等诸多因素的干预和影响。因此，休闲体育文化的形成与塑造不是一朝一夕就能实现的，必须经过耐心培育和长期倡导，以及不断在实践中总结、提炼、修改、充实、提高、升华，进而逐步形成相对固定的、为社会成员所接受的、优秀的休闲体育文化。休闲体育文化一旦形成，就会具有自己的历史延续性，且持久不断地发挥其应有的作用。因此，休闲体育文化是确保社会休闲文化持久完善的一大动力。

第二节　我国休闲体育产业的发展现状与趋势

一、冰雪休闲体育产业的发展现状与趋势

冰雪运动有其独特的魅力，项目的发展与季节、地域有着直接的关系，以东北、北京、新疆、内蒙古等地区为主。冰上运动开展较多的项目有速度滑冰、花样滑冰、冰球等，雪上运动开展较为普及的项目有高山滑雪、越野滑雪、单板滑雪等。

（一）我国冰雪休闲体育项目的特点

1. 地域特征

冰雪运动产业受冰雪运动项目的地域性特点影响，季节性项目分布有其地域特点，我国北方城市的气候、温度、地理环境等因素具备了开展冰雪运动的自然条件，东北三省已不同程度和规模地开展了以冰雪运动为主的冬季体育运动，黑龙江、吉林、辽宁、北京、内蒙古以及新疆等是开展冰雪运动的重点省区，其中北京、黑龙江、辽宁的冰雪运动发展势头最为强劲。这些地区每年结冰期、雪期达三四个月，有许多河流结冰形成的天然冰场、人工冰场和雪场供大众从事滑冰、滑雪等活动，并且带动其相关的冰雪产业发展也比较迅速。冰雪运动产业的发展受地域特征的影响，这样的影响是深刻的，并且区域位置是不可逆的，尤其是大型场馆的建设，需要长远布局，持续发展。比如吉林的北大湖滑雪场、黑龙江的亚布力滑雪场，历经十几年还能保持领先地位，依然可以承办大型的赛事活动，其冰雪产业的发展也相对较快，为其他地区做出了非常好的榜样。

随着冰雪运动的发展，滑雪项目在一定程度上还依托季节变化，毕竟修建大型的室内滑雪场规模相对较大，难度很大，至今国内也没有几家室内滑雪场，在北方，人们还没有夏天进滑雪场滑雪的习惯。2015 年辽宁省抚顺市建有冠翔室内滑雪场，每逢周末人数还算不少，相对于室内滑雪场，人们更期待冬天可以去大规模的滑雪场滑雪，因此，夏天小规模的室内雪场受众人群比较单一。而南方修建的室内滑雪场发展并不好，人们已经习惯没有滑雪的季节，很难想起去参与滑雪这项运动，还没有滑雪的理念，滑雪产业文化很难深入当地人的思想，使很多

最早建立的室内滑雪场很难维持生计。伴随着国家实行西部大开发的优惠政策出台，大量的资金、相关技术、专属人才西行，率先将冰雪文化融入当地人的思想中，为将来的发展打下基础。但是，由于前期冰雪资源的开发难度较大，继续发展的空间相对较小，需不断推陈出新和打造适合本地域的产品才能维持稳定增长；此外，还要充分考虑不同地域之间冰雪产业发展水平的差异，这一点与其各自的冰雪资源条件和经济发展水平也是紧密关联的，要突出项目特色，合理进行区域定位。

2. 人口特征

有调查资料显示，我国冰雪运动参与人群的年龄多集中在 10 ~ 50 岁，约占所有消费人群的 90%，而且参与人群多集中在比较发达的城市和比较富裕的大中型城市。从其参与人群的分布特征和现状可以分析出，不同的参与人群对冰雪运动的认识和理念略有不同，其对冰雪运动产业的消费观念也不同。大多数参与人群对冰雪运动投入不多，而笔者通过对冰雪发烧友、冰雪运动参与者以及冰雪从业人员的调查得知，冰雪发烧友对冰雪产业的拉动巨大。据对沈阳市滑雪人口的问卷调查得知，滑雪发烧友的每年人均消费在万元左右，拥有滑雪器材好几套，服装多件，有些甚至比从业人员的装备都要齐全，呈现出冰雪项目由竞技转向大众化、滑雪技术由大众转向专业化的趋势。大众性比赛增多了，冰雪装备的品牌知名了，冰雪人群的需求量大了，这才是关键。综合不同的冰雪参与人群和冰雪消费情况来看，冰雪的参与人群基数很大，长期参与的较少，相关产业的带动，部分人群贡献较大，发展的空间很大。

（二）冰雪休闲体育产业的发展趋势

1. 冬奥会给冰雪休闲体育产业发展带来新契机

我国近些年来冰雪项目发展得很快，与我国现有的人民生活水平的不断提高密不可分，人们都有参加冬季项目的需求。

自 2022 年北京冬季奥运会筹备以来，我国提出“3 亿人上冰雪运动”，组织更多的人参与冰雪运动，3 亿人上冰雪的目标是有条件、有潜力可以完成的。一是做好规划，使得整个推进 3 亿人上冰雪的活动变成各个方面，包括政府、教育、体育各方面的一项重要的工作，所有人都能够积极参与其中。二是更好地在青少年中普及奥林匹克知识。在青少年中组织一些冰雪活动，普及面大，青少年受益也能更广。三是组织多元活动，包括在冰场、雪场组织群众上冰活动，同时还有一些与雪和冰有关的健身活动。

2022年成功举办北京冬季奥运会，对我国群众参与冰雪运动有着深远的影响，增加了我国冰雪运动参与人口的数量。我国的冰雪运动发展已经由集中于东北地区到全国动员的发展进程中，且受气候和温度的影响越来越小，很多南方的爱好者得知申办冬奥会成功，特意冬季到东北来感受冰雪，参与其中，体验冰雪带来的乐趣。在冰雪项目开展较好的地区，参与的人群规模也在逐渐扩大，受申办冬奥会成功的影响，人们都争先恐后做3亿人中的一员。有条件的地区可以借此契机发展滑雪旅游，为人们提供便利的交通、旅游条件，扩大冰雪产业的影响面。此外，相关地区在加强冰雪基础建设的同时，还应该组织开展内容丰富的集体性体育活动，以人人都来参与其中为目标，从而增加我国参与体育运动的人口数量，促进冰雪运动的长久健康发展。

2. 我国冰雪运动产业发展的新趋势

随着人们对健康生活的需求和向往，“谁运动谁健康”的理念已经深入人心，成为一种社会现象。赛场上运动员的拼搏奋斗、你争我夺，深深地吸引着广大群众对冰雪运动的关注，他们纷纷参与其中。与冰雪运动相关的产业很多，它们之间的协同发展有利于冰雪产业的长久发展，并能带动地方就业，增加居民收入。围绕冰雪运动可以发展装备、器材制造业，这必将是冰雪产业的一大发展趋势，因此，利用已有的基础设备，研发适合我国国情的品牌，可以让冰雪运动走向大众。此外，组织大型的群众性冰雪赛事，可以吸纳更多的爱好者参与进来，同时也能给其他人提供参与其中的机会，厂家从中进行赞助与宣传，创造属于我国自己的品牌形象，最终使得冰雪运动产业蓬勃发展。只有做到冰雪可持续发展，才能取得最大效益，这已成为国际社会的共识。各省市应依据本地域的特点和便利条件，抓住机遇，积极构建与冰雪运动相关的产业模式，提高以体育产业为新兴经济增长点的认识，促进我国经济的可持续发展。

二、草原休闲体育产业的发展现状与趋势

我国草原休闲体育运动的开展主要依附于草原旅游区的开发。目前，开发比较成熟的草原旅游区有乌兰察布草原、呼伦贝尔草原、科尔沁草原、鄂尔多斯草原、锡林郭勒草原、河北坝上草原、新疆巴音布鲁克草原、新疆那拉提草原、西

藏藏北草原等。在此仅以内蒙古为例。

（一）草原休闲体育产业的发展现状

内蒙古凭借草原资源开展草原休闲体育活动，不仅在内蒙古占有重要地位，在全国也具有不可比拟的优势。伴随着旅游产业的发展，内蒙古现已形成以乌兰察布、阿拉善、锡林郭勒、呼伦贝尔、鄂尔多斯等草原为核心的草原旅游区，依托这些草原旅游区开发的草原休闲体育项目主要有以下几种。

1. 草原观光休闲度假

这是利用草原和民族文化资源开发的最初级的草原活动项目。每年的6—9月是草原最好的季节，气候适宜、空气清新，非常适合开展草原观光休闲度假活动。

2. 体验民俗风情、节庆活动

内蒙古大草原孕育了以蒙古族为主的多种少数民族，形成了与众不同的饮食文化、宗教文化、服饰文化、节庆文化及生产生活方式。结合内蒙古草原特色，开发草原旅游项目，推出别具特色的民俗活动，如住蒙古包，穿蒙古袍，学说蒙古语，品尝蒙古传统饮食，观看蒙古族歌舞表演等。此外，依托祭敖包、那达慕等特色的节庆文化，定期举办旅游那达慕、草原旅游节等活动，将旅游和草原传统节庆活动融为一体，在全面展示草原传统文化魅力的同时，吸引游客，丰富草原旅游活动的内容。

3. 草原体育旅游

内蒙古少数民族传统体育活动丰富多彩。草原那达慕中的摔跤、射箭、赛马、赛驼、叼羊、少数民族歌舞、篝火晚会等活动具有广泛的群众基础，参与性很强。内蒙古草原地域广阔，基本没有道路限制，在科学合理规划、注重草原生态保护的前提下，可适量推出草原越野旅游项目。此外，针对草原空域的项目开发也日益受到追捧。

4. 探险旅游

草原探险也是参与性很强的项目，参与者可以体验蒙古族的游牧生活，品尝纯正的蒙古族美食，感受蒙古族的风土人情，参加套马、赛马、驯马搏克等蒙古族传统体育项目，学习了解草原生存技能。游客可以选择开车、骑马或骑自行车穿越草原，途中设置野营租用地，根据需要在野营地搭建帐篷，享受草原夜色，在休闲娱乐和运动的同时，充分亲近大自然。①

（二）草原休闲体育产业的主要问题及其对策

1. 草原休闲运动发展存在的问题

（1）产品结构单一

草原旅游资源开发多以粗放型为主，景区的接待设施和产品差异性不大，恶性竞争现象严重。产品开发缺乏层次，多为低层次开发，结构单一，布局分散，没有形成规模。文化内涵建设和活动的丰富性方面开发不足，缺少具有竞争优势的特色品牌，很难满足不同层次游客的消费需求。

（2）旅游设施落后，配套程度较低

内蒙古草原旅游开发尚未规模化、系统化，在各自的小规模开发模式下，服务设施不健全，综合配套程度较低。很多旅游区的周围环境和住宿条件差，旅游区管理和服务不规范。

（3）草原资源开发与保护矛盾凸显

草原生态系统脆弱，游客承载量低。目前，受草原旅游资源的过度开发、保护不力以及气候因素等多种因素的影响，草原旅游景区都或多或少出现了地表水污染、视觉污染、土壤裸露、土壤板结等现象，个别旅游景区还出现了严重的草原景观和生态环境退化现象。加之相关旅游规划和行业法规建设滞后、游客环保意识淡薄，为草原旅游资源的开发带来了极大的负面影响。

（4）草原旅游产品季节性明显

内蒙古草原区受所处地理位置气候影响，冬长夏短，大部分草原区适宜旅游的时间只有一百多天。季节性因素导致草原旅游的淡、旺季对比明显，旺季面临旅游接待设施和资源短缺不足，而淡季却出现大量设施和资源的闲置浪费。

2. 发展草原休闲运动的对策

（1）产品开发多元化

根据内蒙古草原的资源特色与地理区位情况，结合不同层次游客的需求，科学合理配置旅游要素，构建多元化、特色化的旅游产品体系。抓住内蒙古草原资源景观多、替代性低、神秘性高的特点，围绕特色做文章，以特色促精品项目建

① 董跃春．现代休闲体育运动与产业发展研究 [M]. 北京：北京工业大学出版社，2023.

设。充分发挥内蒙古夏季草原、冬季冰雪的独特资源优势，重点开发高层次、多元化的特色休闲旅游产品。

（2）完善配套设施

加大与各景区相连公路的建设力度，为游客提供便捷的交通条件，提高景区的可进入性。尽快改变景区脏乱差的局面，加快景区餐饮、住宿、娱乐等相关场所配套设施的改善及建设工作。提高景区从业人员的专业水平和综合素质，为游客提供高质量的服务。

（3）加强草原生态环境保护

加大草原旅游资源与生态环境的保护力度，以生态旅游的发展，促进草原资源开发与环境保护的协调统一。一方面，根据草原资源环境保护的要求，按照不同区域的承载能力，进行合理的功能分区，在不超越环境承载力的前提下，科学规划、合理开发；另一方面，加强环境影响评价，加大环境监测和生态监管，建立健全草原旅游环境保护的法律法规，增强游客环保意识。

（4）提升草原旅游产品的体验性和文化内涵

对草原旅游资源的开发，不能只停留在草原观光游，还要加强对草原旅游资源的深层次开发，特别是参与性强的体验型草原休闲旅游产品的开发。充分挖掘旅游资源的潜在价值，将科学考察、科普教育、户外探险、定向越野、素质拓展等体验性强的项目开发出来，迎合不同层次消费者的需求。此外，内蒙古丰富的草原游牧文化也是开发的亮点，要进一步整合草原文化资源，突出特色文化元素，创新产品设计理念，挖掘、组合民俗旅游资源，开发系列民俗文化体验型旅游产品。

第三节　我国休闲体育产业的管理研究

一、休闲体育俱乐部的服务管理

休闲体育俱乐部是人们参与休闲体育活动的场所，是休闲体育得以发展的基本组织机构。目前，世界上的各种类型的休闲体育俱乐部发展迅速，其管理问题越来越受到人们的重视。

（一）休闲体育俱乐部的服务内容

1. 接待服务

这是休闲体育俱乐部服务的第一个环节，主要是负责组织会员到俱乐部活动的接待、预约、接听电话等工作。接待工作包括验证会员卡、登记、发放更衣柜钥匙等。预约工作涉及场地预约、健身教练预约、陪练人员预约、各类其他专门服务预约等。接听电话主要是通过电话来预约、咨询相关事宜的顾客服务。

2. 引领服务

引领服务主要是将顾客引领到更衣间，为其打开更衣柜，并向新会员介绍俱乐部内的各种设施设备的位置及使用方法。同时为会员提供其所需要的各种物品。

3. 专业技术服务

休闲体育俱乐部提供的专业技术服务，主要包括各类体育运动项目的教练及陪练，还有各类技师如按摩师、美容师等提供的服务。这一类的服务要求专业、贴心、周到，因此从业人员要形象健康、充满活力，具有良好的专业背景，具有一定的文化基础，善于与人沟通。目前，各类休闲体育俱乐部的教练主要有两种：一是私人教练，主要是从事一对一的指导，比较有针对性，并为顾客开具科学的运动处方。二是巡场教练，主要是对在俱乐部活动的会员进行指导，教会他们使用各种器械，并解答顾客的各种问题。

4. 个性化服务

个性化服务主要体现在服务的细节上，根据顾客的特点及不同需求，为其提供针对性服务，要求服务人员必须记住会员的名字，了解不同会员的不同喜好，只有这样才能做到服务到位，使会员有归属感。建立会员档案是必要的保障措施之一。

5. 环境服务

环境服务主要是指承托在硬环境基础上的软环境，主要包括以下几个方面：清洁卫生、绿色植物的摆放及保养、标志与文字的设计、温度与湿度控制、空气质量、照明、背景音乐、服务人员着装等。我们称这些软环境为环境服务，清洁卫生工作必须有细致的工作程序及严格的检查制度；绿色植物的摆放及保养必须由专业人员负责，可以内部聘请，也可以分包给绿化公司负责；标志与文字的设计、照明、背景音乐等，要根据俱乐部的整体风格来安排，温度与湿度控制要考虑季节变化和顾客的需求。

（二）休闲体育俱乐部服务质量控制途径

1. 建立规范化的服务程序

在本行业约定俗成的基础上，在把便利最大限度地提供给消费者的原则下，设计出最优的服务程序和作业方法，这些服务程序和作业方法还要具有可操作性，并把它们相对固定下来形成制度。制定规范化的服务程序要注意以下两点：首先，要确定服务的环节和工作任务；其次，要确定服务的先后次序。规范化的服务程序能使一些无固定形态的服务工作相对一致，便于管理人员对服务工作的检查、评定，有利于保持服务质量的稳定。

2. 制定量化的服务标准

为了使体育服务质量具有可衡量性，要制定符合实际的服务标准，并且要将这些标准尽可能量化。体育服务往往是与体育活动同时进行的，因此其质量标准应该规定服务人员在每个环节的动作、形态、语言规范、时间限制等方面的内容。例如，要求服务人员站姿端正，就不能只提一句口号，而应该提出具体的站姿要求，要具体确定从头到脚每一部分肢体的姿势和位置，这样既便于培训和指导，又便于衡量和检查。

3. 建立严格的服务质量管理制度

服务质量是经营管理水平的集中体现，服务质量的好坏，对体育经营会产生直接影响。为了保证服务的高质量，有必要建立服务质量管理制度，以便根据服务质量标准及时监督、检查、衡量、评估服务质量水平，并对不符合质量要求的服务行为提出改正要求，制定改进措施。

4. 有效的意见反馈渠道

人们对服务质量的评价，是最客观、最权威的评定。人们对服务所反馈的信息，是改进服务工作、提高服务质量的依据。人们反馈的信息中有肯定的，也会有否定的。对于前者应当继续保持，对于后者则应当及时改进。

人们反馈信息的渠道有以下几个方面：一是体育服务人员和管理者在服务过程中主动征求到的意见和感受到的情绪。二是在经营管理中被动接受人们提出的意见和建议，包括口头的和书面的，也包括投诉。三是通过间接渠道，如通过同事、朋友转达，通过员工的亲属、朋友反馈，通过服务人员的上级或其他部门反馈。

二、休闲体育场地设施的管理

（一）休闲体育场地设施运营管理的主要内容

1. 场地设施的预订和时间安排

场地设施的预订和合理的使用时间安排是保证休闲场地经营的重要组成部分。没有客户的预订使用，以及各类赛事和活动，设施就得不到有效的利用。另外，赛事与活动是休闲场地经营的一项主要收入来源，也是场地设施充满生机的新鲜血液。休闲体育设施所有者性质上的差异，同样也会反映在其活动预订和时间安排上。一般来说，除了日常的场地设施租赁业务外，公共休闲体育场地设施有义务确保社区活动和全民健身活动的场地预订和时间安排；私营的设施则可能会根据合约的内容有选择性地举办一些慈善性或非营利性的活动，而更多地把本设施或较好的时段预留给那些以营利为目的的赛事活动。然而，不管设施的运营目标和任务是什么，预订通常采用的是签订使用协议的方式，即根据协议确定的金额，按照指定的日期，在特定的场地或设施内保留一个特定的空间以供预订人使用。休闲体育场地的预订一般有意向预订和确认预订这两种形式。意向预订是指单位和个人要求在设施的日程表上预留出一个具体的日期和时间段，但尚未实际签订租赁合同。如果在同一日期和时间段内有其他单位和个人要求使用设施，并同意支付定金，按照惯例，负责场地时间安排的人员要先通知原预订单位，并征求对方同意后，方可最终确认预订信息，准备签订合同。确认预订或合约预订则是指预订机构已经为双方达成共识的日期和时间段交纳定金，并且开始进行合同的谈判工作。值得注意的是，不同类型的活动可能会要求不同的确认期限和附带条件，这主要取决于实际情况和主办方的声誉。休闲体育设施只有拥有公平合理的预订系统，才能真正赢得客户的信任。

时间安排是指根据场馆可以使用的时间，预订和协调所有赛事活动和使用的过程。负责时间安排的人员要精通设施的操作运行，并且有能力保证场地能够在完成日常租用的情况下，承办数量适当的赛事活动，同时又不会造成员工超负荷工作、场馆过度使用、预算严重超支以及市场过度饱和。因此，休闲体育场地设施时间安排的宗旨就是要合理利用各类场地设施的使用时间，通过与最佳的赛事活动组合来实现设施最有效使用的目标。

2. 安全保卫

建立完善的安全保障和紧急情况处理程序对休闲体育场地设施的管理是非常重要的。安全保障不足，或是对紧急情况的处理不当，都有可能导致设施的经营管理者承担相应的法律责任。大多数具有一定规模的休闲体育场馆，通常会聘用全职的内部保安人员，而安全保障的职能则会归到运营部门的管辖权限之下。因此，建立和拟订保安的管理规定和工作程序，并将这些管理规定和工作程序传达给包括保安人员在内的其他所有员工（如售票员、行政管理人员等）就显得十分必要。场地所有的员工都要清晰地了解这一程序，一旦发现任何问题，必须根据处理突发事件的规定马上解决。如果场地设施方通过严格的管理规定和工作程序而保护了使用者的权益，这将有助于减轻设施管理者所应承担的责任。

3. 风险管理

风险被定义为一种危险，或出现危险或伤害的可能性。风险管理的目标就是将意外伤害控制到最低限度。为了高效率地完成这项任务，休闲体育设施管理者应该有能力识别潜在的风险，估计其出现的可能性，计划如何应对这些风险，以及为降低风险而制定相关的标准和程序。

4. 经营项目的制定与市场营销

休闲体育场地设施的经营项目，是整个运营过程中另外一个不可或缺的重要组成部分，正是经营项目的存在使得各类休闲体育设施的使用者能够在安全的环境、身心愉悦的状态下享受运动、休闲等多种多样的娱乐活动。根据美国营销协会的定义，营销是指一个产品或服务的计划、构思、生产、定价与经销的过程。该过程以创造交换机会来满足个体与集体客户的需要为最终目的。可以这样说，几乎所有成功的企业都能做到根据不同的需求辨别客户，并拥有能够满足上述需求的产品、服务和员工。就休闲体育场地设施来说，想要获得较好的经营效果，就需要设计出让客户满意的经营项目。

（1）目标市场的识别

随着体育设施数量的不断增多，市场竞争日趋激烈，任何一个体育设施，无论其规模与实力如何，都无法无限制地满足整个国际或国内市场的不同年龄、不同背景、不同地域消费者的需求。休闲体育设施的管理者通常只能根据设施的内、外部条件和特点，在一定区间内选定经营范围，以便满足一部分特定消费者和用户某些方面的需求，这就是目标市场选择的起因。目标市场一般情况下会由一个或几个细分市场构成，因此，目标市场的确定首先要细分市场。

（2）经营项目

休闲体育场地设施生产的、可供其客户消费的产品实际上就是其多元化的经营项目。因此，休闲体育场地的经营者应本着以体为主的原则，开展多种经营，通过生产多元化的、高质量的体育主体产品和体育配套产品，以满足消费者的需求。在这方面，西方休闲体育发达国家的经验值得借鉴。经过总结多年的理论研究和经营实践，西方的管理者针对休闲体育设施的经营项目设计提出了休闲生命周期的概念。其核心内容是指，任何人生命过程中各个不同阶段对于休闲体育活动和服务的需求都可能存在一定的差异。例如，某个青年客户最初选择到某一休闲体育中心来的目的是参与其健身经营项目，但随着该客户年龄、阅历和收入等方面的变化,其休闲需求也会随之发生变化。当客户的休闲体育消费需求变化时，如果休闲体育设施能够再次提供符合客户变化了的需求的经营项目，那么客户就会长期保持对设施所经营项目的消费，以此类推。休闲体育设施的管理人员应在充分理解休闲生命周期这一概念的基础上，把握新老客户的特点，确保能为消费者提供符合其休闲生命周期需求的休闲体育产品。

（3）价格

休闲体育场地设施经营的实际上是服务产品，因此其定价方法多种多样，如成本定价法、目标收益定价法、差异定价法、控制供应量定价法等。当然，无论休闲体育设施的经营者在定价时采用哪种方法，都应该从实际出发，根据设施自身的特点，以及所处的市场环境来决定经营项目的价格。

（4）市场营销

休闲体育场地设施经营项目的营销主要包括现有内部会员的营销和外部潜在客户的营销。由于目标受众不同，所采用的营销方式也会有所不同。对待现有内部会员营销的主要目的是持续保有这部分客户，因此，营销的重点在于如何发掘他们的需求，从而提供更具有吸引力的经营项目。而对于外部潜在的客户来说，营销的重点则在于扩大市场、提高知名度，力求让更多的人了解体育设施和所提供的经营项目，激发潜在客户群尝试休闲体育消费的兴趣。针对这种情况，常见的促销手段有广告推销、人员推销和营业推广等。

5. 服务质量管理

服务质量的高低优劣直接影响休闲体育设施的经营、声誉、形象和经济效益，因此，服务质量是体育设施经营的生命线。休闲体育场地设施所提供的服务应该从两个大的方面去把握，即硬件方面和软件方面。硬件方面主要是指设施的建设和设备的配置，这是由设施决策者决定的，在此不做深入探讨；软件方面主要是指由服务人员提供的具体服务，是本书要重点关注的内容。休闲体育场地设施在经营过程中向人们提供的服务，以其特定的内容创造使用价值，参与商品交换，因而具有商品的一般特征。提供优质服务是商品经济中价值规律的客观要求。①

6. 财务管理

规模较大的休闲体育场地设施一般会设有一个专业的部门开展会计和财务工作，而在小型设施中，会计和出纳也必须由两名以上的员工担任，以确保相互之间形成有效的监督机制。此外，将与财务会计相关的工作外包给专业的中介公司处理，也是目前常见的做法。

7. 后勤工作和场地设施维护

后勤工作和场地设施维护是为了保持设施清洁和准备接待观众而设计的工作职能。一个清洁且保养得当的设施使用环境能够让赛事活动的组织者和设施使用者感到惬意,因此对于这项工作,管理者绝不可掉以轻心。设施的后勤工作与房屋清洁不同，其所要清洁和护理的范围包罗万象，不仅有各种表层的运动场地、运动器材的清洁维护，还有看台座椅、移动座椅、休息室、包间、地毯、瓷砖、绿化带、电梯等。而场地设施的维护则包括许多专业性较强的职能和责任，如建筑物维护、设备维护、赛事活动所使用设备的安装、拆卸和保管等。除此之外，休闲体育设施的维护管理，还要求场地设施的管理者了解和遵守有关的国家的法律法规。

（二）休闲体育场地设施运营管理的实例

这里以攀岩场地设施为例进行介绍。

攀岩是从登山活动中派生出来的一项活动，目前，用于攀岩的岩壁主要有天然、室外人工和室内人工三种。天然岩壁是大自然在地壳运动时自然形成的悬崖峭壁，给人的真实感和挑战性较强，消费者可自行选择攀岩的岩壁和攀岩路线及攀登地点。天然岩壁的路线变化丰富，如凸台、凹窝、裂缝、仰角等，能够让攀岩者深刻体会到“山到绝处我为峰”的感受。人工岩壁是人为设置岩点和路线的

① 李静文．休闲体育产业与经营管理 [M]. 北京：新华出版社，2017.

模拟墙壁，可在室内和室外进行攀岩技术的训练，难易程度可随意控制，训练时间比较机动，但高度和真实感有限。由于受条件限制，当前在各地所营运的多为人工岩壁攀岩场所，根据修建所使用的不同材质可以分为打孔锁岩块攀岩场、木合板攀岩场、平面合成板攀岩场，以及合成材质——3D 曲面雕鞀岩板攀岩场。

1. 天然攀岩场地

在天然场地开展的攀岩运动多在野外进行，一般来说，天然攀岩场地受周边自然环境的影响较大，所以这类场地设施的经营管理较难把握。与此同时，多数天然攀岩场地能较好地与各类旅游风景区融合在一起，有些用于攀岩的天然峭壁甚至能成为旅游景区吸引游客的重要卖点。然而，必须强调的是，在天然场地开展的攀岩运动的危险性一般也较高。因此，对这类攀岩场地设施的管理应主要集中在安全保障与风险管理上，为了保障广大攀岩爱好者的人身安全，各类休闲旅游景区和天然攀岩场地的经营者和活动的组织者应严格按照我国有关的法规制度来开展经营活动。

2. 人工攀岩场地

与天然攀岩场地相比，人工场地的可控性要高很多，在经营管理上的难度也相对较小。但可控并不代表没有危险，由于攀岩运动本身的特点决定了该项运动必将与危险为伍，因此，即使是人工攀岩场地，经营管理者也应严格按照现行《攀岩攀冰运动管理办法》的有关规定开展经营管理。对于人工攀岩设施来说，岩面既是攀岩运动所依赖的最主要的物质基础，也是吸引消费者的核心产品，岩面材质和攀登路线的设计就显得格外重要。随着科技的进步，目前用于人工攀岩场地建设的可选材质也越来越多，经营管理者应注意各种材质在安装使用过程中的不同特点和要求，并进一步根据自身经营场地材质的特点，做好路线设计、岩面维护，以及攀岩指导人员的招聘、培训等工作。

第四节　休闲体育文化的价值实现途径与建议

一、休闲体育文化现代价值的实现途径

（一）政府层面——形成宏观调控的政策引导机制

作为对社会现象发展具有一定宏观调控职能的政府，其积极的态度和全面的调控是保证休闲体育文化现代价值实现的最重要途径之一。经济发展，特别是普通百姓可支配收入的增长，是休闲体育文化价值在现代社会中实现的基石。只有当人们衣食无忧、生活富足之时，休闲体育才能迎来真正的发展契机。政府通过对包括场地器材在内的休闲体育硬件设施的合理规划布局，可有效实现对地区休闲体育发展的调控,并以此作为提升区域休闲体育文化现代价值实现程度的途径。同时，作为休闲体育文化传承的重要途径，各级各类学校中的休闲体育氛围显得尤为重要，政府应对休闲体育教育的资金投入予以物质保证，并通过推动休闲体育文化教育课程的设立，确保学员接受休闲体育教育的权利。此外，政府可引导新闻媒介加大对休闲体育文化的宣传，传播“健康第一”的思想，营造浓厚的休闲体育氛围，使新闻媒介成为推动休闲体育文化广泛传播的重要动力。

（二）社会层面——构建休闲体育文化的公共服务体系

休闲体育在现代社会中的发展重点，可以被理解为提升大众生活质量和健康素质。为此，对既有社会体育资源加以开发和整合，逐步构建政府主导、市场为先的休闲体育服务体系，是推动休闲体育现代化价值实现的必然选择。从人类社会现有的休闲体育资源来看，非营利的普及型或营利的经营型体育运动设施能有效为不同消费层次的社会大众提供休闲体育服务；学校的体育场馆设施不仅为学员提供了休闲体育场所，而且在一定程度上满足了附近居民的休闲体育需求；掌握一定休闲体育技能的专业人士及修习过休闲体育相关课程的学员，可以通过走进社区等方式为有休闲体育指导需求的普通居民提供休闲体育指导类服务；对于休闲体育服务机构而言，应及时掌握人们休闲方式的变化，并根据实际进行相应调整及扩充其所提供的服务项目。

（三）个人层面——养成休闲体育文化良性传承的教育意识

亚健康是指人身心的一种临界状态，处于亚健康状态的人，虽无明确疾病，但会在社会适应能力、精神活力等多方面产生倦怠。在现代社会中，以亚健康为代表的现代特征明显的病症是许多人不得不面临的身体困境。世界卫生组织全球性调查表明，全世界真正处于完全健康状态的人仅占全球人口总量的 5%，明确诊断患有病症的也只有 20%，而 75% 的人处于亚健康状态。这充分表明，健康已成为困扰人类生存及社会发展的最大问题，直接影响着人们的生活质量。

自古以来，人类在面临健康问题时，总会以体育运动作为缓解不适和增进健康的主要方法。无论是中国古代的“五禽戏”“八段锦”，还是融会东西方文明的现代运动“减肥韵律操”“呼啦圈”，都是人们在面对身心健康问题时的自主选择。人们在休闲体育中放松身心、享受快乐，并逐步调整不良个人状态，实现体力与精力的恢复。这是一种休闲体育的自觉意识，是对休闲体育文化的良性传承，也是确保休闲体育价值实现的最根本途径。①

二、实现休闲体育文化现代价值的建议

（一）制定相应政策法规，凸显休闲体育文化在现代社会发展中的地位

休闲体育文化在现代社会中正占据着越来越重要的地位，其作为社会主流文化之一，必然对推动人类文明的演进起到重要的引导作用，理应受到政府、学术界、民众等社会各界的重视，以制定相应政策法规等方式引导全民树立休闲体育意识与休闲体育观念，共建休闲体育文化。

（二）把休闲体育文化纳入学校教育体系，传承优良传统休闲体育文化

基于休闲体育文化的多重价值，学校教育应对其进行有机融合，将休闲体育文化纳入学校教育体系，以此推动休闲体育文化的传承。休闲体育文化在中西方都具有悠久的历史，无论是西方先贤的思想硕果，还是中国传统休闲体育文化中蕴含的理念，都对现代休闲体育文化具有极高的参考价值，为休闲体育文化的延

① 吴畏，王者．休闲体育产业发展与体育旅游产业构建研究 [M]. 长春：吉林出版集团股份有限公司，2023.

续性发展提供借鉴。

（三）传播休闲体育文化正向功用，规避休闲体育文化负面影响

现代社会中物质条件的飞速演变给休闲体育文化功用带来了双向发展。休闲体育文化在为社会传递正能量的同时，所显现的负面影响更应受到重视，并采取适度控制参与时长等有效措施予以规避。只有这样，才能在充分发挥其在现代社会中积极作用之余，避免其引发文化及社会异变。

（四）完善休闲体育文化实现机制，健全休闲体育文化实现途径

休闲体育文化的实现条件是其发挥现代功用的基石，人们应以系统的眼光审视这一问题，尽可能从内外两方面创造符合现代休闲体育文化发展的条件。创造外界条件，可从营造良好政治环境、为稳定经济发展提供物质基础、进一步提高生产效率为人们带来更多闲暇时间等方面着手。内源条件的打造则应以外部环境的点滴变化引导人们在精神意识、体育观念、价值取向上发生转变，进而从行为上更多地参与休闲体育活动。为保证休闲体育文化现代价值的实现，政府、社会、个人等各方应有机配合，并保证各方都能充分发挥其自身能量，从效果上最大化地体现休闲体育文化的现代价值。

第二篇　户外运动项目

第四章　户外运动装备

户外运动装备是指户外运动参与者在进行户外活动、生活时使用到的生活用品和进行运动时所用器材的总称。户外环境恶劣且气候多变，因此，户外运动中装备占有极其重要的地位，它是保证参与者生命安全和户外活动正常、有序进行的物质基础。在户外，装备就如同战士的武器，保护好装备就等同于保护好自己的生命。随着户外运动外延的扩大，参与群体的大众化，户外运动逐渐成为一种休闲生活方式,这种变化需要户外运动装备具有平日穿着普通服装的特点。因此，户外运动装备的设计、开发、生产逐渐开始融入休闲的元素，在满足功能化要求的基础上，趋向以舒适、美观、便捷为主的休闲系列，功能化与休闲化的有机结合正在成为户外运动装备发展的新潮流。如今，户外运动装备的开发和生产广泛采用新材料、新技术和新工艺，不断推出功能性强、款式新颖、品质可靠的新产品，兼顾户外运动和户外休闲消费者多场合的穿着需要，进一步满足消费者对安全、轻松和舒适户外生活的需求，帮助更多的家庭感受户外运动休闲的快乐。

目前，在户外用品市场上，各种品牌的户外运动装备品种繁多，根据适用范围，户外运动装备可分为个人装备、集体装备和技术装备。本章主要介绍山地户外运动中常用的一些装备及其使用注意事项。

第一节　个人装备

个人装备是指进行户外运动时参与者在户外生活、活动所必需的个人用具。它主要包括背包、睡袋、防潮垫、户外服装、户外登山鞋、火种、手套、运动眼镜、帽子、水具、灯具、刀具、登山杖等用品。

一、背包

背包是户外运动中最基本且最重要的装备，户外登山、攀岩、探险、野外生存携带的大量物品都要放入包内。就背包容积而言，40 ~ 60L 的背包适合 1 ~ 5 天使用，2 ~ 7 天建议 50 ~ 75L，活动在一周以上的以 60 ~ 85L 为宜。从事登山、攀岩、徒步、探险、野外生存时所携带的背包容积一般在 65L 以上。

（一）背包的分类

1. 软式背包

软式背包没有任何内外支架，没有良好的背负系统，和学员的双肩背包差不多，轻便，体积较小。但较为简单的背负系统无法承受较大的负荷，舒适度不佳，只适合一般的都市旅游、单日远足或单日的郊区攀登活动。

2. 外架式背包

外架式背包外部有一个“H”形的金属框架（铝合金最常见），背袋内置，且有拉紧的尼龙肩背带及臀部固定带，能够使重量由肩部和臀部共同承担。优点是容积大，易于物品的装填取用；身体和背包之间的空间大，利于空气流通，在背负时能够保持背部的凉爽，具有舒适感。但因体积大且与背部不贴合，在钻行密集丛林时易被勾勒。当包满载时，外架包重心更高，在路况差的情况下或攀登滑雪时容易突然重心移位而失去平衡。此类背包较适用于在路况平坦的场景背负大件行李。

3. 内架式背包

内架式背包将金属骨架移至背包内部，原理同外架式背包。内架式背包是现在主流的登山包类型，现在多数品牌采用可调节的背负系统，与外架式背包相比，它可根据身形适当调节，更贴合身体，重心更稳定，背负感更舒适，使用者在活动中更灵活，更易掌握平衡。

（二）背包的构成

1. 背负系统

它是背包最重要的部分，承受着全部装备的质量。减少体力，延缓肌肉疲劳，保证舒适及承重，提供舒适的负重是一个好的背负系统最基本的要求。背负系统包括双肩背带、腰带、胸带、受力调整带、背负支撑机构以及调整装置。根据背包的发展历程，可以看到其经历了从无背负系统到简易背负系统，再到现在的智能背负系统。

2. 装载系统

装载系统指背包装载物品部分，由主袋、顶包和侧包构成，主袋采用上下分层式，上端和下端各设一开口，中间有一个活动隔层，可连通也可断开，依据需要分装物品，便于装取。部分品牌推出四开门背包，除上、下口外，两侧新增开口装置，使取放物品更方便。

3. 外挂系统

外挂分为顶挂、侧挂、背挂、底挂等，采用点固定或条固定形式。点挂式设两个或四个对应挂点，采用两点或四点捆绑固定；条挂式在背包正面装两排外挂条带，每条设若干固定点，可以固定物品，防止其随意摆动。

（三）背包的装填原则与方法

所谓 ABCs 的背包打包法，是由 4 个英文单词所组成，分别为：accessibility、balance、compression and streamline。至于 s 为什么会用小写，则是因为如果做到了 ABC，那么 s 就自然会出现，如图 4–1 所示。

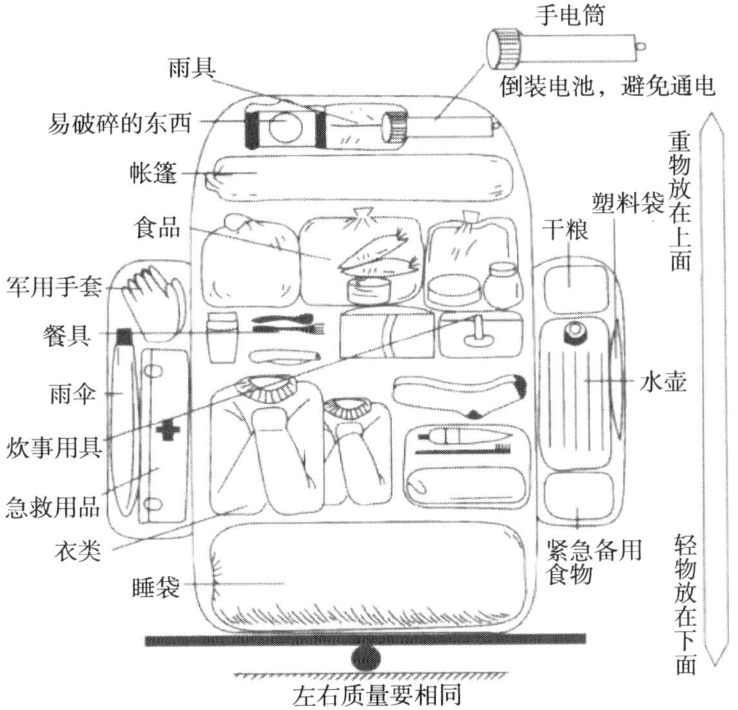

图 4–1　背包的装填方法

1. 易取性（accessibility）

装包物品要分类填装，保持物品便于取用，如手套、帽子、墨镜、地图、防雨罩等，最好放入头包或侧包中。物品的装填顺序须与取用顺序一致，以方便拿取。比如说，在登山的过程中头灯是必需品，那么如果放在背包底部就失去了易取性。又或者我们将睡觉才会取出的睡袋放在最顶端也会影响其他物品的易取性。帐篷、防潮垫等可放在背包的外部，使用外挂来固定。为了防水，可将物品用塑料袋分装好，再放入背包中，以保证在雨中行走或背包不慎落入水中时包内的物品不会打湿。

2. 平衡性（balance）

所有放入背包的物品必须使背包达到前后平衡、左右平衡。其中，前后平衡比较特别，并不是要均重，而是靠近我们肩胛骨下缘中心的部分最重，背起来重心要靠近背部，让臀部承受大部分重量，保持上重下轻更省力（上山下山各有区别）。同时，也要考量路耗中的平衡，例如，我们带了 1L 的水放在左边，虽然一开始是平衡的状态，但在经过一段行走之后，水喝完了就会左右失衡。

3. 压缩性（compression）

所有物品只要能够压缩的就要压缩（如睡袋、衣物等），如果不能压缩的也可以利用小件物品将空隙填满（如用袜子、毛巾、备用衣物塞满锅具或食物等形成的空隙）。

4. 流线性（streamline）

从外观上去检查背包是否饱满，是否有皱褶（有皱褶代表有空隙），是否有额外的突出（代表不平衡）。

（四）背包的使用注意事项

行进通过急流或陡峭地段时，应扣紧胸带和腰带，使背包与人形成一个整体，如遇意外情况，背包可能会挽救生命。如落水时，背包在一定时间内可以充当救生圈；滑倒时，背包可以起到缓冲作用，防止身体受伤。

宿营时，背包扣要扣好，避免昆虫及其他动物进入背包。

在外宿营，背包可以当枕头用，如果将背包放置于帐篷外，则应用防雨罩盖住背包，以免露水打湿背包。

在有利地形时，背包的重心移到上部；处于较为不利的地形时，背包重心移到中部。

背负时腰带的中心点要处于坐骨中央，腰带不可太紧或太松。调整肩带固定点，使肩带曲线贴紧背负者的背部。头部不能撞击背包顶包，顶包不能阻碍头盔。

（五）背包的选择

根据装载物品的数量选择背包的容积。

根据用途选择背包的类型。

根据身材选择背负系统的尺码。

背包是否结实耐用关键在于制造材料，主要从织带、面料、耐磨度、涂层等方面进行考虑。

良好的结构和设计是背包性能优越的保证。部分背负系统借鉴尼泊尔背篓的原理，采用了双“V”形设计。

二、睡袋

睡袋是把“被子”和“褥子”结合在一起的用具。在户外，睡袋为登山、探险、野外生存者提供良好、安全、温暖的睡眠条件，对保障户外运动者体力恢复起着举足轻重的作用。睡袋的质量从 100g 到 2000g 不等，使用者可根据活动地区的气温来选择。现在睡袋普遍都标有温标，并标明适合使用温度的相关数据，以便于户外运动爱好者选择使用。温标一般由 3 个数据组成：低温度（该睡袋适用温度范围的下限）、舒适低温（该睡袋适用舒适的理想温度）、高温度（该睡袋适用温度范围的上限）。

（一）睡袋的分类

1. 按照材质划分

选择什么材质的睡袋，应该先了解活动区域的气候变化情况，选择轻便保暖，且适合活动区域地理气候条件的睡袋。

棉睡袋或人造纤维棉睡袋：棉睡袋里的棉不是纯棉，纯棉较重，松软度不够。一般情况下，棉睡袋都采用纤维棉，也叫中空棉。纯棉和人造棉的种类较多，质量价格参差不齐，但都相对便宜，使用寿命一般为 3 ~ 4 年。各种人造棉保暖程度相对低，随着使用时间的累积，其保暖性能会逐渐降低直至无法使用，挤压后体积较大，不便于携带，但具有一定的拒水性能，湿后仍保持一定的保暖性能，而且晾干速度快。在比较潮湿的环境条件中适合选择人造真空棉睡袋，应避免将睡袋弄湿，否则睡眠就会受到严重影响。通常温标舒适温度为 -5℃左右的睡袋多为三季用睡袋（春、夏、秋），此类睡袋大多是纯棉睡袋或人造棉睡袋。

羽绒睡袋：羽绒睡袋价格较为昂贵，保暖程度高，羽绒制品的使用寿命很长，良好保养下可使用 10 年以上。羽绒睡袋又分为鸭绒和鹅绒，同等条件下鹅绒的保暖程度稍高于鸭绒。羽绒睡袋十分轻便，且隔热保温效果较好，但必须保持干燥，一旦潮湿，不仅会丧失几乎全部的保暖能力，而且不易干。因此，严酷登山环境下往往使用具有防水透气性能强的材料做羽绒睡袋的外料。如果进行冬季露营、登雪山等活动，睡袋的温标应该达到 -30℃ ~ -15℃，此类睡袋是羽绒睡袋。

2. 按照容量划分

按照容量划分，睡袋分为单人睡袋和双人睡袋。

3. 按外形划分

从睡袋的外形上来区分，睡袋分为信封式、木乃伊式和混合型睡袋。下面着重介绍信封式和木乃伊式。

信封式：顾名思义，信封式睡袋的外形与我们日常生活中使用的信封十分相似，只不过它的封口在短边。因为信封式睡袋的肩部和脚部的宽度一样，总体上呈长方形，所以也被称为长方形睡袋或者是四方形睡袋。信封式是一种较为传统、常用的睡袋构造。这种睡袋的活动空间大，使用者在睡眠过程中较为自由。宽松的后果就是不可避免地导致更多热量散失，因此其保暖性能一般，适用于温暖条件下的野外宿营。

木乃伊式：木乃伊式睡袋，又叫妈咪式睡袋。据了解，这种睡袋目前是国际上保温效果最好的一种睡袋。这种睡袋之所以被称为木乃伊式，是因为它的形状与人体的体型线条十分吻合。这种睡袋的肩部较宽，然后向下逐渐紧缩，直至脚部缩到最窄，适用于寒冷环境。这种睡袋的肩部有一个头兜，头兜束紧后，可以有效阻隔冷风、寒气，阻止热量大量散失，不仅提高了睡袋的保暖效率，而且节省了空间。考虑到人在睡眠时脚部最易感到寒冷，一些木乃伊式睡袋在下部进行了特别加厚，有些款式还设计有加厚的脚垫。但是它紧凑贴合的形状使得使用者在睡眠时感觉自由舒适度不够。

（二）睡袋的使用、清洗和存放

1. 使用

进行户外运动前 1 ~ 2 天，需要将睡袋完全舒展，出发前再将睡袋装入压缩袋，有助于在野外充分发挥其保暖性能。

寒冷环境下请勿穿着外套进入睡袋，建议只穿内衣，有助于快速提高睡袋内的温度和睡眠的舒适性。

在营地里如时间许可，早晨将睡袋外翻，置于帐篷顶或干燥、通风、阳光照射的环境，有助于睡袋风干，但是要避免长时间暴晒。

收纳时，可先将睡袋卷收一次，挤出大部分空气。再将睡袋摊开，从尾部开始将睡袋不规则地放入压缩袋内。不推荐用卷收的方式放入压缩袋内，因为长期有规则的卷收会使睡袋面布因为受力不均匀而加速老化。

羽绒睡袋面料具有防水功能，但如果途中天气极其潮湿，需将睡袋用塑料袋密封，避免潮湿的空气进入睡袋。

2. 清洗

人造纤维棉睡袋可以直接洗涤，清洗前睡袋可短时间浸泡，用软刷轻轻刷净头部、领口、脚部等易脏部位，使用中性洗涤剂或专用睡袋清洗剂，切勿使用强烈的清洗剂、漂白剂和衣物柔顺剂。睡袋可用前置式滚筒洗衣机机洗，但不能使用上置式涡轮洗衣机；机洗前将睡袋外翻，拉好所有拉链并且扣好搭扣。洗衣机选择温水或温和模式，切勿使用甩干功能，因为强大的离心力会损坏睡袋面料和里衬；清洗完毕，切勿将睡袋从一边拿起，而要将睡袋从底部整个拿起，否则会损坏睡袋面料和内衬；晾晒时尽量平铺或多处挂搭，以免过度下垂。

根据羽绒专家的建议，羽绒睡袋 4 年左右清洗一次即可。过度的洗涤会损坏睡袋的保暖介质——羽绒，因此在保持清洁的前提下尽量减少洗涤次数。如果不太脏，可简单清洁，如用毛巾蘸汽油清洁表面材料即可。清洗后风干或晾干，确认干燥后轻轻拍打，待其自然膨胀后存入睡袋存储袋。羽绒睡袋洗涤忌用碱性洗涤剂、忌拧绞、忌火烤烘干。羽绒睡袋可和棉质的睡袋内衬共用（睡袋套），以减少洗涤次数，同时棉质睡袋内衬有助于吸汗。

3. 存放

日常存放应尽量选择干燥、阴凉的环境，并且确保睡袋是清洁的。

不可置于压缩袋内存放，长期压缩会使羽绒或保暖层失去弹性，从而降低保暖性能。推荐使用存储袋存放，也可使用底部织带倒挂于衣柜内。

如果长期不使用，建议过一段时间整理一次睡袋，使它完全舒展并风干，重新装入存储袋或倒挂存放。

三、防潮垫

防潮垫的作用在于防潮、隔热，抵御来自地面的寒气，保证睡眠的质量，保护宿营者的身体健康。对一个登山者而言，晚上能够睡个好觉是很重要的事情，好的防潮垫能够起到重要作用。现代的防潮垫体积一般不大，质量也较轻。因此，建议人们在进行登山等户外运动时一定要带上防潮垫，给自己一个安全、舒适的睡眠环境。

（一）防潮垫的分类

1. 充气垫

充气垫的优点是舒适度佳，柔软度可调节，价格适宜。其缺点是体积大、重、易破损；里面空气层流动性高，不能提供良好的保温效果。

2. 开放式发泡防潮垫

开放式发泡防潮垫一般是由膨胀的聚脲乙烯制成，里面有许多细微的气室可以允许外界空气进入，形成隔绝层。其优点是比充气垫更舒适、更保暖、质量更轻、价格适宜。但由于材料是开放式结构，所以防潮能力较差，不宜在较潮湿的环境下使用；保温性能比封闭式要差，而且压缩性能也较差（不宜携带），使用寿命也较短，隔绝效果没有封闭式发泡防潮垫好。

3. 封闭式发泡防潮垫

封闭式发泡防潮垫使用一种由大量的微小封闭气室构成的泡沫材料，内部含有很多封闭的细微气室，一般市面上又分为泡棉防潮垫、锡箔披覆防潮垫、折叠式防潮垫等。其优点是价格便宜、耐用性好、绝佳的绝缘性和防潮性。但其由于厚度较薄，舒适度欠佳。

4. 自动充气防潮垫

自动充气防潮垫内部是开放式发泡防潮垫，外层再加上组织紧密、防水性佳的尼龙布，同时在角落设有一个充气阀以方便空气的流通。其优点是具有开放式发泡防潮垫同样的舒适性，但是隔绝性更优于开放式，防水防潮，气室充气量可调节。外层的防水尼龙布限制住防潮垫内部空气的流动，将开放气室封闭于一个防水的尼龙外壳内，使用时会自动膨胀。其缺点是价格昂贵，易破损，体积较大，重量较重。

5. 铝膜防潮垫

铝膜防潮垫为 EVA 发泡，防潮和舒适性佳。其优点是轻便、便宜、性价比高。其缺点是容易破损。

（二）防潮垫的使用注意事项

防潮垫应用垫套包好，以减轻运动时的磨损，延长使用寿命。

在行进过程中防潮垫一般外挂在背包外，应用背包外挂带系紧挂好。

为了延长使用寿命，不要折叠，卷起来保存即可。

自动充气的防潮垫应该让其自动充气，切勿频繁用嘴补气，口中水汽会影响防潮垫使用寿命。

使用防潮垫时，地面要平整，清除地面上的石子和树枝等坚硬的物体，以防损坏防潮垫。

防潮垫的材料多为易燃物，应注意防火，不要在垫上抽烟或使用炉具等。

四、户外服装

野外环境复杂多变，为抵御恶劣环境对人体的伤害，保护身体热量不散失，快速排出运动中产生的汗水，在各种气候条件下参与户外活动时尽可能舒适，在登山、攀岩及其他户外运动时应做到分层着装（分层着装是指在户外运动中穿着不同材质的衣服，适应野外各种天气变化对人体所带来的影响）。

（一）户外服装的分类

1. 排汗层（内衣）

排汗层的主要用途是保持人体皮肤的干爽。如果人体排出的汗水在体表蒸发就会带走身体巨大的热量，使人感到寒冷。所以，排汗层应为排汗性强的合成纤维材质内衣。棉制品吸水性强，但干燥较慢。在高寒地区剧烈活动后，一旦体温下降可能导致感冒，故应避免穿着纯棉、纯毛的内衣。

2. 中间层：保暖层（或绝缘层）

保暖层衣服的作用是在衣服内形成空气层。空气是良好的隔热媒介，在保暖衣内形成空气层之后，使外界的冷空气与身体隔开，达到保持体温的目的。通常中间层多采用人工材料（如抓绒）和天然材料（如羽绒、羊毛、织物等），中间层的衣物一般没有防水功能，主要配合外层穿着。

3. 外层：保护层

登山、户外运动外层一般指的是冲锋衣、冲锋裤、风雨衣之类的服装。它的主要功能是防水、防风、防撕。随着现代科技的发展，已开发出 Gore Tex 等防水透气面料，原理是在薄膜状态下，表面的小孔直径正好处于水分子与蒸汽分子之间，蒸汽分子可以通过，而水分子不能通过，从而达到防水透气的效果。

三层着装的好处在于可以因地制宜、因气候制宜。衣服穿着热或冷对身体都不好，适宜温度在 37℃左右。温度太低会造成失温，太高又会中暑，如果体感过热可以脱去中间层。天气寒冷时可以穿着不止一个中间层，以提供更多的空气层达到更好的保暖效果，外层也有保温作用。毛衣、棉衣、牛仔裤等日常穿着的衣物在登山、探险的户外环境中缺点明显，应尽量少穿。

（二）户外服装的功能

保暖：虽然保暖性是与织物厚度密切相关的，但是户外运动不允许服装过于厚重，因此既要保暖又要轻便才符合户外运动服装的特殊要求。

透湿：运动会使人体产生大量的汗液，而在户外环境又难免遭遇风雨，这本身就是矛盾的。既能防雨雪浸湿，又能及时把产生的汗液排出去。幸好人体散发出的是单分子状态的水蒸气，而雨雪则是聚集状态的液态水滴，它们的体积大小相去甚远。此外，液体的水具有表面张力的特性，防水透湿服装就是利用了水的表面张力特性，在织物上涂一层 PTFE（与“耐腐蚀纤维之王”聚四氟乙烯 PTFE 的化学成分相同但物理结构不同）的增强织物表面张力的化学涂层，使水珠尽量收紧而不能散开浸润织物表面，从而无法透过织物组织上的孔隙。同时这种涂层又是多孔性的，单分子状态的水蒸气可以顺利透过纤维间的毛细管孔道散发到织物表面。

防水：户外服装提供的首要功能就是防水，大多数传统织物的防水性能是通过涂层或薄膜来实现的，后来出现了用含氟化合物或有机硅做整理剂的防水处理技术。

透气：透气性是空气透过织物的能力。一件好的户外服装，不仅要防水，还要透气。它的透气性能由薄膜的微孔结构决定，允许气态水分子逸出，阻止液态水分子进入。

速干：吸湿速干性是把身体产生的汗水迅速吸收，尽量排向外层并尽快挥发，使身体保持干爽。

抗静电：户外服装基本是化学纤维织物制成，当户外环境比较干燥的时候，就会产生静电问题，表现为衣服易起毛起球、容易沾染灰尘污垢、贴近皮肤产生静电吸附。如果携带如电子罗盘、海拔表、GPS 导航仪等精密电子仪器，还有可能被服装的静电所干扰而产生错误，造成严重后果。

防风：为了保持体温，防止人体失温，一旦处于严重失温的状况，就可能会导致死亡。

防紫外线：纺织品防紫外线辐射的评定参数采用的是紫外线防护系数 UPF 值，它表示皮肤无防护时计算出的紫外线辐射平均效应与皮肤有织物防护时计算出的紫外线辐射平均效应的比值。

（三）常见的户外服装

1. 内衣

内衣是直接贴身穿着的衣物，它将汗从皮肤表面传导开，保持皮肤干爽，同时还具有一定保暖作用。在较凉或寒冷天气进行出汗较多的运动，应该穿导汗功能较强的内衣。导汗内衣有不同的厚度，以适应不同活动和气候条件。

2. 快干衣

快干衣有短裤、T 恤、单裤和长袖衫等。选择时要侧重舒适、耐久和轻巧。在暖和天气提供基本的保护和保暖作用，一般在温暖的天气里进行短途户外活动时使用。

3. 保暖的抓绒衣和羽绒服

保暖层使更多的空气滞留在身体附近，保持身体温暖。保暖层衣物松软、轻暖，尽可能占用较少的体积。若透气排汗，则保暖能力会受影响，潮湿情况下的保暖能力和干燥速度是选择保暖层的重要因素。

4. 冲锋衣等功能外衣

外衣起防风、防雨和防雪作用，户外活动时一定要携带一件功能外衣。根据活动不同，选择防雨冲锋衣或防风、耐磨、保暖等多功能的外衣。

（四）户外服装的选择注意事项

合身：外衣宽松，穿上内层服装后不紧绷。考虑最厚的着装需要，外衣要良好地遮蔽全身，上衣下摆要在指尖左右，功能性外衣衣袖在举起双手时以不露出手腕为宜。

方便：选择全拉链上衣容易穿脱，裤子为两侧从上到下全开拉链，方便穿脱。

可调整收口：根据天气冷热情况，自由收缩袖口、下摆、领口等位置。

通风口：衣服在合适的位置设有纵开拉链、侧拉链、网罩等通风口，增强透气性。

衣兜：易开关，易拿放东西，防止兜盖进水。

帽子：防水帽子，内藏式帽子不用时可卷起藏到领子里。

防水盖层：所有拉链、衣兜和能打开的东西都应有防水盖层，防止进水。

接缝压胶：针脚和接缝有压胶处理，防止漏水。车缝有贴条（热封胶条），高档次的贴条要求宽度达到 20mm 以上，双针车线位有 3 条（每条车线压 1 条，中间再加 1 条）。

五、户外登山鞋

户外登山鞋的种类很多，随着技术的发展，户外登山鞋的分类越来越细化，各种用途的户外登山鞋为户外运动爱好者提供了坚实的脚下基础。户外登山鞋从功能和用途上可分为高山靴、登山鞋和轻型登山鞋。另外，在一些户外运动中，还需要有专门的鞋类，如竞技攀岩中使用的攀岩鞋、溯溪运动中的溯溪鞋等。

（一）户外登山鞋的功能

户外登山鞋具有显著的功能，能够为户外者脚部提供良好的支撑力，具有良好的减震功能，并具备防滑、防水功能及持久耐用性。户外登山鞋应具备以下五个方面的功能。

良好的支撑力：为适应户外复杂的地形，满足负重状态下的登山或徒步。户外登山鞋的支撑力除了与鞋面有很大关系外，与鞋底的结构也有直接关系。鞋面紧缩设计，鞋面各部分和脚可靠结合，穿着舒服，克服脚向四周分散力量，支持脚部垂直受力，增强支撑力。

减震功能：有效吸收人体的垂直压力，良好减震性能减轻地面对大脑的震动，减轻疲惫感，硬度强的大底有效抗击坚硬地面冲击，使行走轻松。

防滑功能：行走在复杂险峻地形时，每行走一步都存在潜在危机，良好的防滑性能牢牢抓稳地面。

防水功能：户外登山鞋浸水后重、摩擦力增大，脚易受伤，严寒季节易冻伤。目前许多户外登山鞋使用 Gore Tex 胶膜衬里，满足防水功能，但不像雨鞋一样防水。良好的维护能减少损伤，延长鞋的寿命。

耐用性：坚固耐用才能适应各种复杂地形。

（二）户外登山鞋的分类

户外登山鞋有明确的针对性，从其功能和用途上可分为五大系列。

1. 高山系列（重型登山靴）

重型登山靴适用范围为高海拔登山等。因为使用环境较为恶劣，这类鞋一般自重较大，保暖性好，非常坚固，有很强的抗冲击力，可装冰爪，靴帮设计高，一般在 20cm 以上，但柔软性较差。重型登山靴分为内、外两层靴，内靴作用是保温防寒，外靴质地坚硬，有防水、防风作用，适应复杂恶劣的积雪、坚冰、岩石混合地形，可有效保护双脚，保证使用者在 –40℃的地区环境中不被冻伤。外靴带有专门的卡槽以安装冰爪或滑雪板。

2. 低山系列（重型攀登鞋）

重型攀登鞋适用于海拔 6000m 以下山峰，攀爬冰壁或冰雪混合岩壁，大底用耐磨橡胶（Vibram 或 Sky walk），大底间衬为有机碳素板，鞋底硬，抗冲击力强，攀登时有足够的支撑力，鞋面用加厚的（3mm 以上）整张牛皮或羊皮缝制，增强防水透湿效果，常用 Gore Tex 或 Sympa Tex 做衬里，中间夹保温层。鞋帮通常高 15cm 以上，有效保护双脚免受伤害，部分款式设有冰爪结构，没有固定结构的可用捆绑式冰爪。比重型登山靴轻，卸下冰爪行走比重型登山靴舒适。

3. 低山系列（中型登山鞋）

中型登山鞋用于低山、峡谷、荒漠、戈壁等较为复杂的地形，适应中长距离负重徒步。鞋帮高度通常为 13 ~ 15cm，支撑力较强，可有效保护踝骨减少伤害。大底选用耐磨橡胶，部分品牌在大底和中底间设计有尼龙板支撑，增强鞋底的硬度，有效防止鞋底变形，增强抗冲击力。鞋面中等厚度，材料为头层牛皮、羊皮或皮革混合，革面相比高山系列和低山系列要轻得多，柔韧性更好。Gore Tex 材料作衬里或油皮防水，可在踝骨以下水面或雨中行走。

4. 徒步系列

徒步系列户外鞋质轻、柔软、舒适、透气性好，为中短距离负重较轻的徒步而设计，适用平缓山地、丛林，一般用于郊游或野营活动。鞋帮在 12cm 以下，有保护脚踝作用。大底塑板夹层有较好的抗冲击力和减震作用，鞋帮为全皮、革面或皮革混合材料。Gore Tex 里衬防水，在地形不复杂的环境行走时，中帮鞋优于高帮鞋。

5. 健行系列

健行系列户外鞋为常穿着和不负重的运动设计，又称低帮鞋。耐磨橡胶大底，弹性中底减轻地面对脚的冲击，缓解体重对脚的压力，龙骨设计防止鞋底变形，增强支撑力。紧缩的鞋面紧贴双脚，皮鞋面或尼龙网面质轻、柔韧性好。

（三）户外登山鞋的使用注意事项

由于登山鞋较硬，因此外出前，新鞋应进行一定时期的磨合，可在家里穿几周再外出使用。

由于鞋底硬，摩擦系数小，走过湿滑道路或石块时容易滑倒，应特别小心。

户外登山鞋有防水功能，但它毕竟不是雨鞋，因此不要故意在水中行走。

户外登山鞋由于材质较硬会有磨脚情况。解决此类问题的办法是穿两双袜子或垫厚易磨部位。

户外登山鞋的鞋带多是圆形，不易系死，系好后也容易脱开。行走时要留意鞋带情况，以免把自己绊倒。

（四）户外登山鞋的保养

多数材质的鞋子，可用中性肥皂加清水清洗（不可随便使用清洁剂清洗），湿鞋待水沥干后塞废纸置于阴凉通风处，切忌用火或烘干机烤干，否则会破坏鞋子的材料（特别是 Gore Tex 的鞋子）。

鞋子干燥后，皮面涂上保革油（Gore Tex 的鞋子注意不要将保革油涂在尼龙布上，否则会影响透气性）。涂保革油时，用手指慢慢涂抹均匀，透过体温帮助皮革将油吸收进去，缝线处的上油要注意。

鞋子（特别是皮革部分）每次活动后要及时清洁保养，保养后置于干燥、恒温、灰尘少的地方。

六、火种

在户外运动中，火种是必备物品。疲惫一天过后，一顿热餐可减少身体的疲惫感，雨后快速烘干衣物及取暖也少不了它，火也是驱赶野兽的一种办法。进行户外运动千万别忘记携带火种，现在取火的方法一般为火柴和打火机。在一般环境中，普通火柴和打火机都能应付。如果是登雪山或探险建议最好携带防风防水的专业火柴，扎成一捆放在防水容器内，防止相互摩擦，以防自燃，同时也可防止火柴自身变潮。火柴受潮也是有办法补救的，如果头发干燥并且不油腻，可将潮湿的火柴放在头发里摩擦一番，头发产生的静电会使它干燥。另外，通过在火柴上滴蜡可防止火柴变潮，点火时，可用指甲将蜡层剥除，以备急需。如果在严酷的野外环境中，应携带外壳坚硬且有良好防风设计的打火机，如 Zippo 等类型的打火机、专业火柴等，它能适应户外的要求。

（一）野外取火的方法

原始人类在没有火柴、打火机的情况下，凭借自身智慧利用自然中的材料成功引燃引火物。考虑到户外恶劣天气等客观因素可能会造成火柴、打火机失效，户外人员必须掌握野外取火的基本方法。

1. 击石取火

击石取火是用小刀的背或小片钢铁向下敲击“火石”，使火花落到火种上。一条边缘带齿的钢锯比普通小刀可产生更多的火星。当火种开始冒烟时，缓缓地吹或扇，使其燃起明火。当然并不是任何一块石头都能点燃火种，石头击出的火花必须有一定的热量和持续时间才能点燃火种。

2. 弓钻取火

弓钻取火是将强韧的树枝或竹片绑上鞋带、绳子或皮带，做成一个弓子。在弓上缠一根干燥的木棍，用它在一小块硬木上迅速地旋转，这样会钻出黑色粉末。最后，这些粉末会冒烟而生出火花，点燃火种。①

3. 藤条取火

藤条取火是找一根干的树干，一头劈开，并将裂缝撑开，塞上火种，用一根长约两尺（约 67cm）的藤条，穿在火种后面，双脚踩紧树干，迅速左右抽动藤条，使之摩擦发热而将火种点燃。

---

① 张健，吴庆．户外生活与生存实用理论技术与实践 [M]. 西安：陕西科学技术出版社，2019.

4. 打火石

打火石或者镁棒是很多户外求生者非常喜爱的取火工具。它在任何情况下都可以点燃，所以非常受欢迎。只需要刮点镁粉，然后用刀子快速地擦几下，便可产生非常高热量的火星，这样就能点燃引火种了。

5. 聚焦法

聚焦法取火是用一个直径为两英寸（约 5.08cm）或更大些的凸透镜（如望远镜片），在明亮的阳光下聚集太阳的光线，使之照射在准备好的引火物上，便可点燃引火物。用放大镜（凸透镜）透过阳光聚焦照射易燃的引火物（腐木、布中抽出的纱线、撕成薄片的干树皮、干木屑等）取火，为人熟知。利用放大镜取火最为迅速的是照射汽油、酒精和枪弹的发射药或导火索，可在 1 ~ 2s 内点燃引火物。此外，放大镜透过阳光聚焦照射，还可将受潮或被水浸湿后晒干的火柴点燃。

放大镜是一种重要的引火工具。如果没有现成的放大镜，可从望远镜和瞄准镜、照相机上取下一块凸透镜来代替。曾有这样的事例：100 多年前，一支外国的探险队在冰天雪地的南极，突然发生了火种断绝的意外事故。有一位探险队员把一块晶莹剔透的冰块加工成中间厚，周边薄的一个圆形特大凸透镜，再将这冰制的凸透镜立起来使其在阳光下聚焦，最后燃着了引火物获得了火种。此外，在手电筒反光碗的焦点上放引火物，向着太阳也能取火。

6. 其他方法

在平坦的木板上摩擦玻璃片，也能发热生火，待剧烈摩擦发烫时，将火种吹燃。还可用两块软质的木头或竹片用力相互摩擦取火，下面垫以棕榈树皮或椰子叶底部的干燥物作火种。也可在一块软木底部刨一条直沟，然后用一根矛状硬木的尖端在上面前后“犁”行，这样可以产生火种，最后摩擦产生的热量将其点燃。

（二）野外用火的注意事项

野外用火应十分小心，使用不当会造成火灾。

用火时应选择近水的地方，并备一桶水，以免发生意外。

在多树、多草的地方行进时，不能抽烟。

不要在禁止用火的地方用火。

大风时，最好不要用火，以免强风吹散火堆，引起火灾。

在野外用火应有专人负责生火、灭火，并及时检查。

灭火时，应充分用水把火堆浇灭或用土盖灭，并恢复自然环境原状。

七、手套

手套是户外登山过程中必备的物品，是手部保暖或劳动保护用品。手是人体活动最主要的部位，因此对手的保护也应格外重视，因为寒冷时手会变得僵硬，使操作变得困难。又因为野外的特殊环境与意外情况可能将手磨破，以致工作无法进行。所以，一副手套对于户外人员而言显得非常重要。

（一）手套的分类

手套按外形可分为并指手套、分指手套和半指手套。并指手套又称直型手套，是指除大拇指以外其他四指连在一起，处于一个空间内。分指手套是指五指各自独立分开，可以自由活动。还有一种半指手套是五个手指的指头部位露出在外不加保护。

并指手套和分指手套在发生碰撞时能对手掌起到足够的保护，半指手套下裸露在外的手指与地面接触容易受伤，防护性能较差，并且在极端天气里起不到保暖作用。当然在户外行进途中需要从背包中拿取物资，半指手套在灵活性方面略胜一筹。因此，在户外戴怎样的手套可根据具体环境自主选择。

户外手套一般分为两层，内层保温保暖，外层防水、防风、耐磨。户外手套在制作上通常在手掌部分加有防滑功能的材料，手背部分还有硬质材料做保护。一副好的户外手套是户外工作中的好帮手。

（二）手套的使用注意事项

在使用手套的过程中要注意以下几点。

手套尺寸要适当，如果手套太紧，会限制血液流通，容易造成疲劳，并且不舒适；如果太松，使用不灵活且容易脱落。

所选用的手套要具有足够的防护作用，手套的材质影响手部的保暖和防护效果，不同情况下需选择不同材质的手套。

八、运动眼镜

运动眼镜是指运动中所佩戴的安全防护眼镜，通常高级装备具有安全（PC 镜片）、保护（TR–90 镜框，柔软既有弹性）、舒适（防滑的鼻垫及脚套）、美观（配合运动、休闲服饰搭配）的功效。PC 镜片，即太空片，是一种不碎不裂的镜片，安全性好，为世界上最轻薄、最耐冲击的镜片，100% 抗紫外线（UV400）。户外人员在雪山、沙漠及阳光照射强、紫外线强的区域，需要准备一副运动眼镜。

（一）运动眼镜的功能

防紫外线伤害，防止强烈的紫外线灼伤眼睛。

防风，抵挡寒风对眼睛的刺激。

预防眼睛疲劳。

防止异物进入眼睛。

（二）运动眼镜的分类

现代运动眼镜可分为偏光镜、变色镜。

1. 偏光镜

偏光镜镜片采用偏振原理（百叶窗的原理），只允许自然光中某一特定偏振方向的光穿过镜片。偏光镜可有效排除和滤除光束中的散射光线，使光线能于正轨之透光轴投入眼睛视觉影像，使视野清晰自然；可滤去自然的强烈的反射光线，使景物看起来柔和而不刺眼，以保护眼睛，通常用于野游、开车、雪地、水上等运动。其不足之处是虽然能滤除诸多不规则光的干扰，避免眩目、刺目等现象的发生，但若镜片本身的弧弯度不能呈现光学标准屈光状态，则偏光效果削弱，影响影像真实性，且耐用性差。

2. 变色镜

变色镜是由变色玻璃做成的眼镜。在适当波长光的辐照下改变其颜色，而移去光源时则恢复其原来颜色的玻璃，又称光致变色玻璃或光色玻璃。它会根据光线的强弱来变化镜片本身颜色深浅，以抵挡紫外线的照射。

户外运动眼镜根据用途可分为登山镜、雪镜、防风镜、自行车眼镜等。它们的用途分别为：①登山镜用于高海拔的登山活动，登山镜具有防风作用且对于过滤紫外线的要求较高；②雪镜用于雪地穿越、雪山攀登等活动，要求有防风设计；③防风镜主要防止大风及风沙对眼睛的伤害；④自行车眼镜主要是防风及紫外线，它设计为流线型，以减少风阻。在准备户外运动眼镜时，可根据户外活动的内容、性质、当地气候环境条件，选择适合的户外运动眼镜。

（三）运动眼镜的使用注意事项

避免接触香水、杀虫剂等含化学成分的物品，因为不同镜架和镜片的材质会与化学制剂发生反应，可能导致镜架腐蚀、掉漆，或镜片膜层脱落。

使用后请擦拭镜片，必要时可用专业清洁剂冲洗，并装入眼镜袋中妥善保存，切勿与硬物或尖锐物品一起存放，以免刮伤镜片或面漆。

特别注意使用偏光镜片的眼镜不能用超声波及水清洗，否则会破坏偏光效果。

坚持双手摘戴眼镜，单手摘戴时如果用力过大，可能导致镜框变形、断裂。

切忌将运动眼镜长时间置于高温环境下，并请勿把运动眼镜长时间浸泡于水中。

若长期不使用，请将运动眼镜放置于专用的眼镜袋。

运动眼镜在长期使用后难免会有擦伤和阴暗斑，如果出现上述情况，建议及时更换眼镜或镜片以保护眼睛；若需更换镜片，可到专业配镜选配或直接与厂家联系。

装配太空镜片的眼镜，具有不碎不裂功能，可保证专业运动中的佩戴安全，但它相对其他材料更容易刮划，因此需要做好运动眼镜的防护工作。

九、帽子

户外用品中，帽子是一种比较容易忽略的装备，戴上帽子，冬季可以保暖，夏季可以防晒，还可以防止落下来的物体或树枝损伤头部，是户外必备用品之一。

（一）帽子的分类

1. 太阳帽

太阳帽具有紫外线防护功能，其大帽檐阴天遮风，晴天遮阳，在户外行驶途中可有效防止异物进入毛发。材质有速干、防水等特性。

2. 棉帽

常见的雷锋帽就属于棉帽的一种，棉帽首先对皮肤无刺激，不易造成皮肤瘙痒；其次保暖性能好，保护头部和耳朵免受寒冷侵袭；再次棉帽的最大优点是运动时的吸汗能力强，使运动者皮肤在运动排汗过程中保持干爽，不受凉；最后就是让佩戴者感觉舒适。

3. 抓绒帽

抓绒面料就是在织成面料之后，经过磨毛后再进行梳理得到的表面有绒的面料，一般是纯棉或涤棉的。由于抓绒的组绒方式不同，所使用的材料不同，因此抓绒的种类异常丰富，户外所使用的抓绒大致可以实现以下几个方面的功能：保暖、防风、轻量、快干、耐磨、延展、易压缩、易打理、抗静电、防泼水等。按照主要功能，它可分为两类：一是保暖；二是防风。

（二）帽子的选择

帽子的种类繁多，有太阳帽、棉帽、抓绒帽等，还有多数户外外衣上所带的折叠式帽子。户外活动中需要根据户外的环境、天气等来选定合适的帽子，一般春夏户外活动的帽子，一要有防晒防紫外线功能，二要采用快干、透气、凉爽材质，这样即使是在大汗淋漓的环境下也能保持干爽凉快。不同的户外活动需要不同的帽子，如丛林活动需要有防树枝、防虫子的丛林帽；垂钓可用大帽檐的渔夫帽；登雪山可选择抓绒帽，抓绒帽有很好的保暖效果，再配合冲锋衣上的防水透气的帽子一起使用可达到很好的保暖效果；一般登山运动则是棒球帽和军帽更受大家欢迎。

十、水具

户外水壶是户外运动中携带的水具。人体中水的含量占到体重的 2/3，同时，水又是人体活动的重要介质，其重要性众所周知。户外运动中，人体的水分随着排汗、呼吸等大量流失，及时补充水是人体机能得以正常维系的关键。因此，随身携带装有水的水具显得尤为重要。

（一）水具的分类

1. 塑料运动水壶

塑料运动水壶的优点是轻便、口大，价格便宜。缺点是不耐磨，装热水时，塑料中的化学物质可能会分解出有毒物质，对人体有害。

2. 不锈钢运动水壶

不锈钢运动水壶的优点是坚固，通常无有害物质，耐热。缺点是单层的导热快不耐磨，双层的不锈钢容器对加工精度要求较高，接缝处容易漏水且易滋生细菌。

3. 铝制运动水壶

铝制运动水壶的优点是轻便，外观时尚；缺点是导热太快，装热水容易发烫不便手握。铝制品太软容易磕碰出凹坑，铝摄入量过多会对人体造成伤害。

4. 硅胶运动水壶

硅胶运动水壶的优点是可折叠，携带方便，轻便，导热慢，装热水不烫，口大，耐热，通常无有害物质，耐摔；缺点是材质太软，水少时喝水需用双手。

（二）水具的选择

户外用的水具由于材质的不同，选择使用时应根据具体情况而选定，总的原则是坚固耐用、安全可靠，便于携带，不会产生对人体有害的物质。而“坚固耐用”的关键是壶体材质和壁厚，“安全可靠”的关键是运动水壶的内涂层。

十一、灯具

灯具是户外运动的必需品，夜间操作、活动（包括生活）都离不开照明的灯具。

（一）灯具的分类

户外灯具可分为手电筒、头灯、营地灯等。

1. 手电筒

手电筒是最常用的夜间照明工具，它轻巧、操作方便、价格低廉，但主要缺点是必须手持。在野外行进或要用手来做其他事时，手电筒并不适合。

2. 头灯

头灯是户外运动中较为专业、使用起来很方便的灯具。作为戴在头上的灯具，它能够使人们在夜间活动时解放双手去做其他重要事情，如搭建营地、做饭等。而且，头灯在使用过程中光线与视线同向，使用起来方便，同时也提高了户外运动的安全性，是户外灯具的首选。

3. 营地灯

营地灯在使用时首先要注意防水。有些营地灯具有防水的功能，但也不能长时间在雨中使用。

（二）灯具的使用注意事项

外出时应根据时间长短备足各种灯具的电池及备用灯泡，以防途中损坏，还有白天时最好取出电池，以防无意中打开电源，使电量耗尽。

十二、刀具

户外使用的刀具其材料必须具有较高的高温硬度和耐磨性，必要的抗弯强度、冲击韧性和化学惰性，良好的工艺性（切削加工、锻造和热处理等），且不易变形。在户外活动中一把好的刀具可以帮助排除困难，脱离险境，在特殊情况下还可能挽救生命。户外运动时携带一把多功能刀具，可以完成很多工作，如料理食物，整理、修理装备等。

（一）刀具的分类

户外刀具主要有多功能折叠刀（如瑞士军刀）、野战刀等。

1. 多功能折叠刀

多功能折叠刀具有多种功能，可同时用作切刀、螺丝刀、镊子、开瓶器、罐头开启器等。大多数折叠刀有十几种功能，有的能达几十种功能，在户外使用十分方便。比较多见的是瑞士军刀，一把好的刀具可增强野外生存的信心。

2. 野战刀

野战刀较大，可用于野外丛林开路，其刀背有锋利锯齿，可切割绳索、树木等，是户外探险应携带的刀具。

（二）刀具的使用注意事项

在户外活动时，刀具应放置在便于拿取的地方，以应对突发情况。

刀具在使用过程中应特别小心，谨防意外伤人。

刀具不能放在火中烧，不要用刀锋去砍石头等硬物。

用野战刀砍树木等时，入刀角度在 45° 左右，削切物品时刀锋应远离人体。

十三、登山杖

登山杖是从事登山运动时使用的辅助器械。登山杖能够提高步行的稳定性，减轻腿部负担。有研究表明，行走时使用登山杖可减轻至少 22% 施予腿部和膝盖等肌肉关节的力量，让腿部感觉更舒服，两支登山杖同时使用能够保持较好的平衡性。

（一）登山杖的构造

登山杖由把手、腕带、支杆、避震系统、防雪圈和杖尖构成。

把手：通常用橡胶、软木、塑料和泡棉等材料制成，提升抓握舒适性。

腕带：登山杖与使用者力量的传递通过腕带，腕带材料的耐用性、柔软度、舒适性和宽度十分重要，调整腕带长度以方便手腕活动。

支杆：支杆材料通常是钢、铝合金和钛合金。钛合金最轻，铝合金次之，质量越轻，价格越贵。

避震系统：登山杖内设弹簧为避震系统，根据需要缓冲冲击力。

防雪圈：防止登山杖陷入雪地或泥地中，防雪圈的设计应便于快速拆装，否则会妨碍穿越荆棘灌木的便利性。

杖尖：切入地面，材质有橡胶头、铁制、碳钨钢等。碳钨钢最硬，橡胶头最软，但不能应付崎岖户外地形，耐磨性不如碳钨钢头。

（二）登山杖的分类

根据登山杖的用途和形状可分为健行杖、T 形手杖、直柄登山杖、独脚架手杖。

（三）登山杖的操作方式

登山杖的使用并没有唯一的方式，在实际操作中可稍作调整，找到适合自己的方式，充分运用登山杖的功能。

平地。平地及平缓上坡采取平常走路的节奏，肘部成 90° 时为最佳长度。右手臂在左脚向前同时顺势将登山杖往前带，杖尖不超过身体前面，顶住地面向后推，左右手交互做相同的动作。

上坡。在上坡行进时，适当缩短以更好支撑身体重量。较倾斜的上坡动作和平常走路一样，手臂往前将登山杖放在身体前面，利用登山杖支撑身体往上，减轻腿部压力，必要时同时使用两支登山杖做爬升动作，推动身体往上时，手掌可放在杖的顶部加强推的力量。

下坡。在下坡行进时，将登山杖长度调长。下坡时冲击力比较大，利用登山杖减轻腿部负荷，将登山杖放在身体前面，前脚先着地能达到分担力量的效果，此时身体向前倾斜，感觉出登山杖触地的位置，达到减缓腿部压力的效果。

侧行。在斜坡上侧行时，两根杖应有不同的长度以适应地形。靠近坡下方一侧的登山杖长度要长，靠近坡上方一侧的登山杖要短。

（四）登山杖的使用注意事项

无论何种材质的登山杖，都不能用来抽打物体，以免发生弯折和变形，更不能用登山杖拉人。

登山杖内部固定旋扣需用力适度，不可旋扭太紧，3 节登山杖调节长度时注意下 2 节的长度成正比。

长时间徒步须经常检查登山杖，防止出现杖托丢失、杖尖磨平或脱落、固定杖杆的膨胀塞失效、腕带断裂、杖杆松动等现象。

在山路上行走，当一侧有悬崖时，要将登山杖在靠向山的一侧使用，否则易发生危险，平时应养成左右手都能使用登山杖的习惯。

较陡的山路，尽量远离前边使用登山杖的人，否则易被扎伤；登山杖携带时要注意杖尖不可朝外，以免扎伤他人。

尽量不要将登山杖插入海水或含钙量高的水中，否则会腐蚀登山杖或很难清理。

登山杖在水泥或人工路面上使用时，需佩戴杖尖套，以免打滑或损伤杖尖。

登山杖使用后，一定要将登山杖逐一抽出，擦净内部水分和砂石，将膨胀塞中的泥沙用清水冲洗干净，以免下次使用时登山杖无法打开；清水洗涤腕带、手柄，然后置于避光处阴干即可。

每半年在膨胀塞处涂抹凡士林等润滑剂一次，使登山杖的锁定更加顺畅。

第二节　集体装备

集体装备是指进行户外活动时群体人员共同使用的装备。常用的有帐篷、炉具、炊具、通信器材、定位设备等。

一、帐篷

帐篷对于户外运动爱好者来说就是他们的家。帐篷具有防风、防雨、防寒的功能，同时还能防止小动物的干扰，给疲惫的户外爱好者提供相对舒适的休息环境。

（一）帐篷的分类

帐篷的分类方法有很多，以下主要介绍三种。

按适用的季节可分为三季帐和四季帐。三季帐为最常见的帐篷。此类帐篷可以满足除冬季以外的绝大多数环境，也可以承受突发的意外天气，如降雪、大风、降雨等。四季帐主要适用于较为严酷的自然环境，如攀登雪山和极地穿越等大风大雪恶劣天气，此类帐篷保暖性较好。

按帐布的层次可分为单层帐和双层帐。目前常用的多为双层帐。外帐主要用来防水、防风。内帐提供居住空间和保持透气通风。单层帐对于材料要求很高，要集防风防水透气功能于一体，因此价格昂贵，此类帐篷主要为攀登雪山时使用。

按容量大小可分为单人帐、双人帐、多人帐和集体帐。多人帐能容纳 4 人左右，集体帐容纳的人数可达 10 人以上。

（二）帐篷的组成

帐篷主要由帐杆、防风绳、帐钉、帐篷套、外帐、内帐六大件组成，以下主要介绍前四件。

帐杆为帐篷的骨架，负责支撑起帐篷。

防风绳主要用来固定帐篷，增加帐篷抗风的强度，提高稳定性。

帐钉用来固定防风绳和帐篷的连接。

帐篷套是用来收纳帐篷及其他附件的用品。

（三）好帐篷应具备的条件

设计合理，搭建简便。

用料科学，防风防雨，坚固耐用。

质量轻，体积小，携带方便。[①]

二、炉具

炉具是户外饮食的重要工具。现在，户外炉具有质量轻、体积小，便于携带，使用方便、快捷、安全等特点，而且利于环保。

（一）炉具的种类

户外专用炉具主要有瓦斯炉、汽油炉等，主要是依据所用燃料不同而命名。

1. 瓦斯炉

瓦斯炉主要燃料是液态石油气（甲烷、乙烷、丙烷等）。瓦斯炉是目前户外运

① 李纲，张斌彬，王晶．户外运动技巧：攀登篇 [M]. 青岛：中国海洋大学出版社，2019.

动使用最多、最广的炉具。因为它的极易点燃及便于控制火力（打开控制阀点燃即可使用，能在最短的时间内提供最大火力），同时又因其体积小、质量轻、不易发生故障等优点，广受户外爱好者青睐。

2. 汽油炉

汽油炉的燃料为汽油、无铅汽油等，此类炉具的燃烧能力高于瓦斯炉。使用时，通常先将空气打入燃料瓶，增加瓶中压力，然后才能点火，故使用起来较瓦斯炉复杂。另外，汽油炉要求燃油品质较高，外出使用时还需要携带备用油，这给安全带来一定隐患，使用也受到一定的局限，但在高海拔地区活动时应首先考虑汽油炉。

（二）炉具的使用注意事项

外出前应检查炉具是否可用。

每个炉子都有指定燃料，应按要求使用对应燃料，不能随意变换燃料。

在使用过程中如发生爆燃，应立即关闭控制阀，并用湿毛巾将炉具覆盖。

尽可能不在帐篷内使用炉具。在雪山环境中，帐内使用炉具一定要注意通风。

使用时应注意节约燃料。火焰不能太大，以蓝色火苗覆盖锅底为宜。

放置炉具的地方应平坦坚硬，上面尽量不要放置太重的锅，以免压坏炉具。

三、炊具

户外炊具多种多样，其中以套锅最为实用，一套内包含多个锅具，节省空间，能满足多种烹饪需求。

（一）套锅的种类

套锅的种类根据可供使用人数不同而分类，分为单人套锅、2 ~ 3 人套锅和多人套锅。

单人套锅：适合单人出行使用，可以将一体炉头和气罐放入套锅内，具有体积小、质量轻的特点。

2 ~ 3 人套锅：适合 2 ~ 3 人使用，如果单人出行，可以抽取单锅独立使用。

多人套锅：适合自驾或多人使用，套锅种类丰富，使用范围广泛。

（二）套锅的特点

质量轻，符合装备轻量化的趋势和要求。

硬度高，不会轻易变形。

耐腐蚀，不生锈。

体积小，占用空间小。

导热性能好，节省燃料。

环保，易于清洗，不粘锅。

四、通信器材

在户外，如何保持人员之间的联络十分重要，无论是保持队伍行进的一致，还是紧急情况下的救援等，都需要良好的通信器材。在野外大多数情况下，手机不能发挥作用，而人声和哨响的有效范围有限，不能满足户外活动的需要。在户外，为了更好地完成计划，保证活动者的人身安全，携带有效的通信工具十分必要。

（一）对讲机

户外常用的通信器材是对讲机（或手台），它是一种双向移动通信工具，在不需要任何网络支持的情况下就可以通话，并没有话费产生，适用于相对固定且频繁通话的场合。户外用的对讲机，发射功率应达到 2 ～ 5W，工作频率在 144MHz 和 430MHz，并具有防水、防震功能，以及质量轻、便于携带的特点。对讲机便于操作，可在规定的频道范围内人工选取一个频道进行单对单通信或小组对讲通信，比较适合户外团队内部使用。

（二）对讲机的基本操作

装上电池并确认机身锁定。

检查天线，确认接触良好。

开机。

设置或检查频率（频道），应使本机和同队（组）其他对讲机在一个频率（频道）上。

设置发射功率大小。首先检查电池的电量是否充足，如按下发射键 PTT 时发射指示灯（通常是红色的）闪动说明电量已不足，这时候用大功率发射将使最后一点电即刻耗尽，此时最好立即更换电池。

将静噪门限 SQL 旋钮调到刚好没有“沙沙”噪声的位置。若静噪 SQL 旋钮调得过大，会漏掉比较微弱的信号，缩短通话距离，应予注意。

按下发射键 PTT，和同队（组）对讲机试通，同时调好音量，确认收发正常后即可投入使用。

（三）对讲机的使用注意事项及技巧

一般的户外活动，根据团队的大小，应配备相应数量的对讲机，一般 10 人左右配备 2 ～ 3 个对讲机。

在抵达活动地点的长途旅行中，可以将电池取出，避免因碰撞挤压使对讲机自行开机浪费电量。

携带足够的备用电池，最好选择大容量电池，低温状态下要注意电池的保暖。

为了节省电量，正常行进过程中可以约好定时开机，比如间隔 1 小时开机一次，但在恶劣危险情况下应保证全程开机。

对讲机为单向工作方式，一人讲话的同时，其他机器接听，不能同时讲话。

使用时要注意语言的简短、扼要，语速均匀，声音短促有力，这样才能保证对方收听清楚。

在保持通话效果的情况下，应尽量使用较小功率，以维持较长的通话时间。

因为使用无线对讲机需要占用频率资源，所以必须向当地无线电管理委员会申请，办理相关手续，待委员会批准后方可购买使用。

五、定位设备

定位设备是户外运动重要的装备。在确定方向、行进路线、判断行程等方面起着重要的作用。户外运动中常用的定位仪器主要有指北针和 GPS。

指北针。指北针是利用地球磁场的原理来确定方位的仪器。

GPS。GPS 是 Global Positioning System 的缩写，译为卫星定位仪、全球定位系统。它具有定向、记录行动轨迹、测定海拔、授时等功能，是非常理想的户外活动装备。

第三节　技术装备

山地户外运动技术装备是指在进行户外运动时，为保障人身安全所需的器具。它主要包括登山绳（主、辅绳）、安全带、铁锁、下降（保护）器、上升器、扁带、头盔、冰爪、冰镐、人工支点装备等。

一、登山绳

山地户外运动中，登山绳是攀登的基本装备之一，是确保攀登安全中最重要的一环，是整个保护体系的核心，所有保护器材都是围绕登山绳而设计和生产的。登山、攀岩的生命安全就靠绳子维系，因此它被称作户外运动中的“生命线”。

（一）登山绳的结构

登山绳采用芯鞘结构，由绳芯和绳鞘构成，绝大部分登山绳的绳芯和绳鞘均为尼龙成分。

1. 绳芯

绳芯纤维经过致密处理后，由多股绳芯扭绞制成，具有较好弹性，这也就是登山绳能够吸收冲坠时产生的能量的主要原因。

2. 绳鞘

绳鞘约占绳索总质量的 1/3，其主要作用是保护绳芯、改善绳索手感，同时也提供一定的强度。不同的绳鞘编制方式可产生不同的摩擦力和柔软程度。

（二）登山绳的分类

1. 动力绳

动力绳一般是几种颜色交织在一起的花色绳。动力绳具有延展性，可吸收滑坠时所带来的动能，防止攀登者受伤。一般动力绳的延展率为 7% ~ 8%，国际标准要求延展率不得超过 10%。绳子直径在 9 ~ 12mm 之间，常用的直径为 9.5 ~ 11mm 之间。

国际登山联合会（UIAA）规定在攀登者发生严重冲坠时，绳子上的拉力（绳子对攀登者的作用力）不得大于 12kN（相当于质量约 1200kg 的物体所受重力），如超过这个值就会损伤攀登者的身体。

2. 静力绳

静力绳伸缩性很小，一般在 2% ~ 3% 之间，硬度较动力绳大，一般为单色。静力绳在受到拉力的情况下只有很小的延伸性，本身不能通过绳子的伸缩来吸收拉力，所以冲坠时静力绳会给身体带来巨大冲力并造成攀登者受伤，因此静力绳不能用来做下方保护。静力绳主要用于探洞、登雪山（作路绳）、溯溪等活动。

3. 辅绳

辅绳是在攀登活动中起辅助作用的绳子的统称，直径在 4 ~ 8mm 之间，结构和外观与主绳区别不大，主要用于绳套或绑扎物品。

（三）登山绳的相关技术标准

冲击力：绳索的冲击力参数，是指新绳在承受 80kg 重物且冲坠系数为 2 时，绳子上的最大拉力值。冲击力参数越低的绳索，缓冲时性能就越好，在发生冲坠时的拉力就越小，对攀登者身体和保护垫的冲击力就越小。

符合标准的攀登绳索应标明以下标志：

“CE”证明此种产品符合欧共体安全标准，准许携带 CE 标志。

“UIAA”证明此种产品符合国际登山联合会标准，是制定登山装备的国际权威。

（四）登山绳的使用注意事项

在使用登山绳的过程中应整理好多余的绳段，避免踩踏登山绳，尤其在登雪山的过程中，冰爪踩踏绳子后可能造成绳子断裂，从而引发严重后果。

在使用中应避免绳子与岩石、沙地、冰块或其他尖锐物体产生摩擦，可使用麻布块垫好或用绳套增加支点等方法减少绳子的磨损。

绳子与支点连接时，不能直接通过挂件、岩钎、扁带等方式连接，应通过铁索连接。

在最初清点物资以及使用前要经常检查绳子的磨损情况，发现问题后应及时处理。

使用中尽量避免两条绳子之间相互摩擦。

（五）登山绳的保养

使用前进行检查，用手捋一遍，无鼓包、无变硬或变软部分、无表皮破损。

使用后，将绳子悬垂放松，使扭曲的绳子恢复。

不使用时，存放于干燥、阴凉的通风处。

不要经常清洗绳子。如需清洗，应用清水或专业的洗绳液清洗，然后风干。

二、安全带

安全带是连接主绳和攀登者的安全装备。安全带大多为尼龙制品，符合国际标准的安全带可承受的瞬间拉力在 30kN 左右。作为保护系统的一部分，安全带的作用是为攀登者提供安全、舒适的保护环境。

（一）安全带的分类

安全带根据使用类型可分为半调式安全带、完全调式安全带和不可调式安全带。可调式安全带的腰带和腿环用一种带弹性的材料连接，大小可根据体型进行调节，使穿戴者感到舒适、安全，适合不同体型人群使用。不可调节式设计简洁、质量轻便，适合竞技攀登。

安全带根据形式可分为坐式安全带、胸式安全带、全身式安全带。山地户外多用的是坐式安全带。此类安全带结构简单、质量轻、便于携带、使用安全方便，是登山、攀岩、户外探险的首选。坐式安全带的腿环可根据需要调节到适当大小，舒适地固定在臀骨上，并将攀爬者坠落的冲击力分散到整个骨盆，在做垂降时就如同一个舒适的座椅。胸式安全带可让坠落者保持身体直立，但是胸式安全带会将部分坠落的力量传导至胸部，而胸部较骨盆更容易受到伤害。完整的全身式安全带包含胸式和坐式吊带，绳子的连接点也较高，可降低坠落时身体向后倾斜的概率，并将坠落的冲击力充分分散到身体躯干，不易造成下背部的伤害。一般成人攀岩者都是使用坐式安全带，而对于孩童，因其臀部尚未发育完成，所以必须使用完整的全身式安全带。现在坐式安全带的应用趋于广泛，因为坐式安全带配上胸式安全带就可以达到全身式安全带的效果，胸式安全带又可以使用长扁带代替。如果是在登山过程中，背包的两根背带也可以代替长扁带的功能。①

安全带根据用途还可分为登山专用安全带和攀岩专用安全带。在登山的行程

① 钱俊伟，方翔. 户外探索：户外运动认知及基础技能 [M]. 兰州：甘肃人民出版社，2022.

中发生坠落的频率比攀岩要少得多，考虑长时间的登山行程，一般登山用的安全带都会尽量减少护垫的设计，以减轻安全带的质量和体积；可调式的腿环方便穿脱衣服，且不需要脱下安全带；至少有 2 个吊环，但有的登山安全带可能没有垂降绳环。运动攀岩安全带的主要特点是质量轻、舒适性好，柔软的护垫内侧可以增加攀爬的舒适度，固定式的腿环不会影响攀爬动作，如果是比赛型的安全带，腿环的宽度通常比一般攀岩型的还要窄。

（二）安全带的使用注意事项

使用安全带之前一定要检查，查看安全带是否有损坏情况。

使用者要熟悉安全带的使用方法。

安全带上可调节的带子必须收紧，特别是腰带应穿到胯骨以上的位置并收紧。

坐式安全带在寒冷季节使用时，腰带应尽量贴住内衣，不要穿到外衣以外。

所有可调节的带子必须反扣并拉紧。

安全带上的装备环不能受力，因此不能用于任何形式的保护。

三、铁锁

铁锁是一种特殊的锁具，它由一个金属环和一个能够回弹的弹簧门构成，能够快速、可逆地连接各种部件（绳索、滑轮等），并保证在承重时能够完全地、双向地锁定，是户外运动中用途最广、使用最多的装备之一。铁锁的最主要用途是连接登山绳与中间支点，在攀登中铁锁可以替代许多复杂而烦琐的绳结、安全带、上升器、下降器等，许多攀登装备的组合和使用都要靠铁锁来连接。如登山绳与保护点的连接、攀登者与主绳的连接等。在登山探险及攀登岩壁时，主锁是安全的保障，并可以代替绳子，使用起来较为方便。

（一）铁锁的材质

目前铁锁大多为合金材料，承受的瞬间拉力可达 20 ~ 30kN。钢制铁锁多用于室内岩场或是相对永久保护点上，因为具有很强的承重能力和抗耐磨损性，但其质量太大不适合户外攀爬，钛铁锁质量更轻但价格昂贵，因此铝合金铁锁是最好的选择。所购买的铁锁应有 UIAA 或 CE 字样，这表明其是经过国际登山联合会或欧盟认证的产品。

（二）铁锁的基本参数

通过铁锁上的标识，我们可以得知一款主锁的基本参数，一般显示在锁脊上。人体能够承受的最大冲击力为 12kN，超过 6kN 就会受伤。12kN 的冲击力传导到主锁上，冲击力为 18kN，因此铁锁的纵向拉力必须大于 18kN。

（三）铁锁分类

铁锁根据形状可分为 O 形、D 形和梨形锁。

锁形，是我们拿到一个主锁首先就能观察到的，它也是最为重要的考量点，因为锁形决定了主锁的用途。这三类铁锁一般带有丝扣，也被称为主锁。使用时丝扣转紧即可锁定，丝扣闭合时所能承受的拉力是开启时的 3 倍，从而为攀登者提供安全保障。

1.O 形锁

O 形锁是最早用于攀登的锁形，呈现出标准的椭圆形。锁上后，承重均匀地分布在环形的两侧。摩擦力小，使用范围广，但 O 形锁的负荷是由铁锁两边平均分担的，锁门易受损伤，承受冲击拉力相对较小。

2.D 形锁

D 形锁形状多为大三角形或大 D 形，也被称为保护铁锁。让绳子偏向锁脊，锁脊粗壮强韧，承受了大部分质量，因此承受冲击拉力大，安全系数高。D 形主锁的承重几乎全在垂直的锁脊上，对于两端都需要连接硬质器材的情况，强韧的 D 形锁最为合适。

3. 梨形锁

梨形锁以其对称式的上大下小，形似香梨，直观命名。梨形主锁尺寸一般较大，是为了大量地钩挂。梨形锁适用于顶绳保护、连接 ATC 保护器等（大头有利于过绳，减少磨绳和绕绳）、保护站的着力点、安全带与其他设备的连接。

（四）铁锁的使用注意事项

使用前，应检查铁锁的情况，是否有皲裂或裂痕，开口的开启、闭合应平顺没有阻碍。

使用铁锁时，应避免与金属物体直接连接，但直接连接保护点除外（如扣入挂片中）。

挂上铁锁后，应将铁锁开口翻至向下并朝外。铁锁开口如朝岩面，在岩石上摩擦或碰撞可能被意外开启，易发生危险。

在进行攀登下降或做保护之前，一定要检查确认铁锁是否锁上。

铁锁扣在锁紧时，可以锁紧后回半圈，以免在冲击下锁死。

绳子从攀登者经铁锁到保护者，必须始终保持不扭曲或不纠缠。

保证铁锁在使用中呈现纵向受力。

铁锁在不使用时，扣在安全带的装备环上，避免坠落。

铁锁要远离盐水和其他酸性溶剂，如果在海边攀岩，那么用完后要用清水清洗铁锁。

四、下降（保护）器

（一）下降器的种类

8 字环：常用于拓展、攀岩、速降、救援下降等项目，也是国际攀岩比赛专用保护器。

ATC：主要用作保护，适合在较湿和冰雪环境中使用，适用于双绳。

防慌乱下降器：用途与某些下降器大致相同，但不可用于下方攀爬保护，可以用于控制下降。

（二）下降器的使用注意事项

检查表面有无裂痕或粗糙的地方。

长时间储存需要清洁并收在干燥通风处。

避免接触腐蚀性物质或酸液。

五、上升器

作用：协助使用者向上运动，在攀登过程中提供助力和保护。

使用场景：常用于雪山攀登、攀岩等运动。

六、扁带

作用：在建立保护站以及连接、自我保护方面都有很好的功效。

种类：①机制扁带，两端由机器缝制在一起的扁带套。②散扁带，两端没有事先缝制好，在使用时用打结的方法制成扁带套。

七、头盔

头盔是参加户外运动时的必备装备之一，在自然环境中攀登时，可防止落石等物体对头部的伤害；在滑坠时，可防止撞击岩壁对头部造成伤害；在自行车翻倒时，可缓冲头部着地带来的冲击以保护头部。因此，应根据不同活动内容进行准备。

（一）头盔的结构与保护原理

头盔的组成：外壳，泡沫保护垫，调节系统和头灯卡。登山中的头盔为专用头盔，不能用自行车头盔、工地头盔代替，因为登山专用头盔具有特殊的设计特点，有硬物坠落、冲击力过大时，一经碰撞就会裂开并分散撞击的力量，从而达到保护头部的目的。

（二）头盔的分类

根据制作材料可分为轻质头盔、硬质头盔、混合式头盔等。

根据外形可分为全盔和半盔。

根据用途可分为登山头盔、攀岩头盔、自行车头盔等。

（三）头盔的使用注意事项

应根据运动项目佩戴头盔。

使用前进行检查，戴好后再开始活动，确保头部在出现意外情况时不受伤害。

不要用硬质物敲击头盔，经过强烈撞击的头盔最好不要继续使用。

八、冰爪

作用：提高攀冰过程中冰雪上的机动性，也用于在冰和雪上安全行驶。

材质：通常由金属制成。

九、冰镐

作用：在冰雪坡上行走时维持平衡，甚至作为攀登的保护点；在冰壁和混合地形中，可以作为攀登支点。

种类：①长冰镐（60 ~ 90cm），适合坡度较缓的地形。②短冰镐，更适合陡坡。③特殊设计的冰镐（60cm 以下），镐柄弯曲、镐尖更锋利，配重更利于挥动入冰，适合攀冰。

十、人工支点装备

作用：在攀岩等运动中，为攀登者提供额外的支撑点。

这些技术装备在山地户外运动中发挥着至关重要的作用，它们共同构成了一个完善的安全保护系统，为参与者提供了可靠的安全保障。在使用这些装备时，务必遵循正确的使用方法和注意事项，以确保其发挥最大的保护作用。

第五章　山陆户外运动项目

第一节　户外徒步运动

一、户外徒步运动

户外徒步并不是日常生活中的散步，也不是体育竞赛中的竞走项目，而是指有目的地在城市的郊区、农村或者山野间进行中长距离的走路锻炼，徒步也是户外运动中最为典型和最为普遍的活动。根据徒步区域的不同，可将户外徒步分为山地丛林、沙漠荒原、雪原冰川、峡谷、平原、山岭、长城、古道、草地、环湖、江河等多种类型。

二、户外徒步运动概况

户外徒步是最早源自阿尔卑斯山脉的一种流行的徒步健身方式，距今已有百余年的历史。第一次由 C.Dudok de Wit 组织的徒步活动可以追溯到 1893 年。1968 年，为迎合全民参与非竞争性运动的热情，由德国、瑞士、列支敦士登及奥地利四国联合成立了国际市民体育联盟（简称 IVV），总部设置在德国慕尼黑。举行的项目有徒步、山地自行车、游泳、滑雪。到目前为止 IVV 的 56 个成员国，举办过近 8000 项 IVV 活动，为参加次数多、距离长的运动员提供各种各样的奖励，鼓励大家贴近自然、贴近运动、创造健康生活。在日本也已经把徒步运动称为 walking life，有近 3000 万徒步爱好者；在德国徒步已成为民众最喜爱的运动项目，据该国登山协会数据显示，约有 3700 万德国人定期参加户外徒步健行运动，占总人口的近一半。

1998 年，我国户外徒步运动开始在北京、广州、昆明、上海等大城市崭露头角，之后在徒步爱好者的共同努力和支持下，在各地慢慢兴起，尤其是互联网普及之后，户外徒步运动迅速成为一种社会时尚。北京每日徒步运动中心在 2004 年正式加入了国际市民体育联盟（IVV），迈出了我国正规化的专业户外徒步运动组织的第一步。从那时起，社会各界以及有关部门也开始认识到户外徒步这项运动的作用和意义。

三、徒步运动的作用

现在人类生活居住方式城市化，大批人离开土地，进城拼搏，而城市狭窄空间的挤压，使得人们更渴望亲近自然，徒步运动正好可以让人们回归大自然；全球经济飞速发展，在安逸的条件下，经济充足的人们开始寻求更大的挑战、更高的精神享受，普通的观光旅游已无法满足人们视觉和心理的需求，而野外的徒步运动则提供了实现人们这种愿望的条件；城市的激烈竞争，人与人的关系日益矛盾化，人们寻求放松自己、减缓压力、锻炼身体，徒步运动可以制造人们与大自然亲密接触的机会；环境的日益恶化，城市污染的加剧，徒步运动可让人们呼吸到新鲜的空气。徒步运动也是一种最简单、最安全、最普及且最为时尚的健身运动，它让人认识自身潜能，增强信心，克服心理惰性，磨炼意志，增强集体的参与意识，培养责任心。徒步运动这种集健身、体验、休闲、娱乐为一体的运动，吸引着越来越多的人参与其中。①

四、徒步运动原则

户外徒步主要靠的是双脚，用自己的双脚步行平路、攀登山岭、过桥涉水等。户外徒步要注意以下几点原则。

一是起步宜缓，往往外出旅行先要乘一段汽车，再下车步行，如果是长途乘车，下车起步登山时一定要缓慢一些，以使自己的身体逐步适应运动状况。否则会出现心慌、头晕及无力等问题。

二是大步健行，所谓大步健行就是在平路及登缓坡时尽量用大步，即比平常的步幅大些，这是科学的步行方法，因为这样在等距离里减少了双脚的摆动，从而达到节省体力的作用，开始时有些不习惯，坚持就会适应。

三是精力集中，朋友们一同外出旅行，总喜欢在旅行中嬉戏，别忘了，说话及唱歌等不仅消耗体能，同时还会分散注意力，而在一些比较危险的路段，如过桥、上下坡等情况时，甚至连眼睛都不能分散注意力，如果一边下坡还一边陶醉

① 张斌彬，李纲，李晓雷．户外运动与户外安全防护研究 [M]. 北京：应急管理出版社，2019.

在自然美景中，极容易出现意外。因此，欣赏景色、交流问题和小娱乐等都必须在休息停步时进行。

四是抵抗疲劳，当步行达到一定的路程时（视个人的身体情况而定），人们就会出现双腿及身体疲劳的现象，以至会出现停步不前的想法，其实，这是到了体力的临界点，坚持下去，过了这个临界点，肌体就适应了大运动量的步行活动，疲劳感就会渐渐变弱。当然这要视具体情况而定，不能到了极限疲劳才休息。

五是注意保持距离，一支队伍在行进中必须保持一个商定的间距，一般在 2 ~ 3m，前后人员都要相互照应，并且不应拉开太大的距离，要保证队伍的整体性、安全性等。

第二节　登山运动

登山运动是以徒手或使用各种专用装备攀登不同高度和难险度山峰的运动，广义的登山运动不限制所登山峰的高度、攀登方式、使用的器材等，而狭义的登山运动则指利用专门的装备和技术攀登一定海拔范围的山峰。

一、登山运动的起源和发展

1760 年 5 月的一天，瑞士科学家德·索修尔在莎莫尼村头贴了一张告示:“凡能登上或提供登上勃朗峰之巅路线者，将以重金奖赏。”告示贴出 26 年后，一位莎莫尼村的乡村医生捷·巴卡罗揭下了告示。他与采掘水晶石的巴尔玛于 1786 年 8 月 6 日向勃朗峰进发，于 8 月 8 日下午，在人类史上首次登上了西欧的最高峰——勃朗峰。接着，德·索修尔与几位科学界友人一行在 1787 年再次登上了勃朗峰之顶，拉开了现代登山运动的序幕。因诞生地在阿尔卑斯山区，故国际上又称登山运动为“阿尔卑斯运动”。并把德·索修尔、捷·巴卡罗和巴尔玛誉为世界登山运动的创始人。此后，使用各种攀登工具和技术的登山运动日渐推广，其活动地区也从阿尔卑斯低山区转向喜马拉雅高山区。

1950—1964 年，世界 14 座 8000m 以上的高峰，包括最高峰珠穆朗玛峰在内，相继为中、英、美、意、日等 10 多个国家的登山运动员所征服，国际登山史上称这一时期为“喜马拉雅的黄金时代”。中国登山运动始于 20 世纪 50 年代,1955 年出现第一批登山运动员，1956 年建立第一支登山队。1960 年和 1975 年先后两次从东北山脊登上珠穆朗玛峰，并于 1975 年准确测出珠穆朗玛峰的高度，是国际登山史上首次对世界最高峰高程的准确测量。

二、登山运动的类型

登山运动可分为高山探险登山、竞技登山和普通登山。

高山探险登山是登山者在器械和各种技术装备的辅助下，经受各种恶劣自然条件的考验，以攀登高峰（一般指雪线以上的山峰）峰顶为目的的登山活动。由于高山探险所涉及的一些山区，经常会遇到滚石岩壁、雪坡、狂风严寒等多种困难和难以预料的险情，对装备、身体素质等要求比较苛刻，因此在大众的推广中较为困难，活动人数较少。

竞技登山，又称技术登山，是一种运用熟练的攀登技术和各种技术装备，专门攀登悬崖峭壁或攀登冰壁（攀冰）的登山运动。

普通登山是与旅游和群众性体育活动相结合，组织一些难度较低、装备条件要求简单的登山活动。

三、登山运动与健康

经常进行登山活动对人体有很大的好处，对人的视力、心肺功能、四肢协调能力、体内多余脂肪的消耗、延缓人体衰老五个方面有直接的益处。

治疗近视有一个最简捷的办法，就是极力眺望远处，放松眼部肌肉。然而城市中由于工业污染及热岛效应等因素，空气中颗粒悬浮物较多，能见度较差。山野之中，尤其是在山巅之上，可以使目光放至无限远，有利于消除眼部肌肉的疲劳。山中原始森林和草地的面积远非城市中的绿地花草所能比拟。因此在山间行走，对于改善肺通气量、增加肺活量、提高肺的功能很有益处，同时还能增强心脏的收缩能力。山间道路坎坷不平，穿行此间有益于改善人体的平衡功能，增强四肢的协调能力，尤其是行走在没有经过人为修饰的非台阶路段，可使人体肌纤维增粗、肌肉发达，增强肢体灵活度。人们日常体内的糖代谢属于有氧代谢，登山活动尤其是登高山，由于空气稀薄，人体内大部分转为无氧代谢，加之登山野营活动的运动量较大，山中野餐往往难以满足体内热量需求，因此，它能大量消耗人体内聚集的脂肪组织，尤其是腰腹部的脂肪组织。人体的正常代谢会产生一种叫自由基的有害物质，它能破坏人体细胞膜，溶解正常细胞，引起人体组织的衰老甚至变异。而负氧离子可以有效结合自由基，使之排出体外。据有关数据表明，城市街道上负氧离子的单位含量较少，而山区森林中可达数万。因此，在大山中行走野营完全可以有效排出有害自由基，有益于延缓衰老。

登山有放松人的心理压力、调节人体紧张情绪的作用，能改善生理和心理状态，恢复体力和精力，使人精力充沛地投入学习、工作。登山锻炼可以陶冶情操，保持健康的心态，充分调动个体的积极性、创造性和主动性，从而强化自信心和价值观，使个性在融洽的氛围中获得健康、和谐的发展；另外，还可以培养人的团结、协作及集体主义精神。①

四、登山运动装备与技术

（一）登山装备

登山装备是指在登山运动中使用的器材、工具和服装等的统称（详见第四章内容）。

（二）登山技术

1. 之字形攀登法

在攀登比较陡险的草坡、碎石坡或冰雪坡面时，为减少直线攀爬所产生的难度和滑坠危险而采用的上攀法。因行进路线曲折呈蛇形，形似“之”字，故名为之字形攀登法。

2. 适应性行军

适应性行军是在登山运动中为提高适应能力而进行的一种登山活动。如攀登海拔 6000m 以上的高山，因高差较大，人体的各种器官不能立即适应高山缺氧的环境，难以从基地营一次攀登直达顶峰，一般多采取逐段适应升高的方法。

3. 三点固定法

三点固定法是登山运动中攀登陡峭坡面时最主要和最基本的安全攀登方法。在攀登较陡峭的岩石峭壁时，双手和双足形成人体用力的 4 个支撑点，轮流使用其中 3 个点，使之保持于岩面上呈暂时固定状态，而移动一手或一足继续向上攀登。

---

① 张斌彬，李纲，王晶 . 登山安全与判断力 [M]. 青岛：中国海洋大学出版社，2019.

4. 三拍法

三拍法是攀越陡峭雪坡时的基本方法。第一步，将镐底钉插进斜坡雪内。第二步，随即用足尖用力蹬破雪的表层，构成一个支点。第三步，将另一足提上前，蹬破雪的表层，再构成一个支点。

5. 结组

结组是登山运动中的重要安全措施之一。按全队成员的性别、年龄、体力、体质，以及登山经验、技术水平和处理突发事件的能力等，编成便于以强助弱、安全登山的小集体，并由有组织能力和登山经验的队员担任组长。通过地形复杂和危险地段时，必须采取绳索或其他保护措施，有组织地安全通过。

五、登山运动中容易发生的危险

冰崩是在悬冰川末端及其两侧、冰塔、冰崖等地形上，由于重力、风力、消融和冰川流动等而引起的冰体崩落、坍塌的现象。冰川或冰坡上的冰体是依附于高低不平的地表之上的可塑性固体，由于本身运动以及重力、压力等作用，很容易形成各种裂缝。裂缝的深浅与冰层厚度有关，一般在几十米，深者可达 100m 以上。有的裂缝已经显露，称为明裂缝。有的暂被浮雪覆盖，称为暗裂缝。暗裂缝对人威胁更大。在明裂缝较多的地形上，也会有较多的暗裂缝，行动中要提高警惕，注意识别。暗裂缝的表面覆盖，往往微呈条片状凹陷，前进队伍的两侧附近，如分布有横向的明裂缝，则要注意脚下很可能有暗裂缝。通过裂缝区时，必须结组行进，并由有经验的队员在前面开路。开路者要根据暗裂缝的显示特点进行识别，把暗裂缝上的覆盖物去掉，使其显露成明裂缝，或另设其他标志。然后决定或跨越或绕行，或匍匐行进，或采取架设金属梯等措施通过。一旦有人陷入暗裂缝，陷入者应尽量甩掉背包和摆脱绳索的缠绕，结组同伴要采用行进中的救援方法，迅速开展保护和抢救。

高山通常空气稀薄，含氧量低，长期暴露于低温、大风天气环境中，极易出现体温过低的情况，可导致内分泌紊乱、出现幻觉及意识丧失直至死亡。因此，如果在登山过程中出现登山者丧失活动能力的情况，必须以最紧急的手段将其妥善安置。如将其安置于防风营地中，提供热饮料，吸氧等。在行进途中被困于风雪的，应在最短时间内设置营地，或挖雪坑、雪洞躲避风雪。

第三节　定向运动

定向运动是一项非常健康的智慧型体育项目，是智力与体力并重的运动。定向运动员借助指北针和一张详细地图按规定的顺序完成寻找若干个标志在地面上的地面检查点，并以最短时间完成全赛程的运动。它不仅能强健体魄，而且能培养人独立思考、独立解决所遇到困难的能力及在体力和智力受到压力下做出迅速反应、果断决定的能力。

一、定向运动的起源和发展

定向运动起源于瑞典，最初只是一项军事体育活动。真正的定向比赛于 1895 年在瑞典斯德哥尔摩和挪威奥斯陆的军营区举行，标志着定向运动作为一种体育比赛项目的诞生。距今已有百年历史。1918 年由瑞典斯德哥尔摩的童子军领袖梅吉兰特所组织的寻宝活动则成为现在全球通行的定向运动的基本模式。这项运动从那时起在北欧蓬勃发展。为使定向运动在全世界得到普及和发展，1961 年 5 月，在丹麦首都哥本哈根成立了国际定向运动联合会（缩写为 IOF），确定了正式的比赛项目，并制定了一系列的比赛规则与技术规范。国际定联是世界定向运动的行政实体，是国际体育联合会总会之一。定向运动也是国际承认的奥林匹克体育项目。

在中国最早引进定向运动的地区是香港和台湾。定向运动于 1978 年 4 月传入我国台湾。1979 年 3 月，香港的定向运动爱好者在各界人士的支持下成立了“香港野外定向会（HKOC）”。

1983 年 3 月 10 日，解放军体育学院首次在广州白云山组织了一次定向越野实验比赛。

1992 年，国际定联正式批准中国加入国际定向运动联合会（IOF）。1994 年在北京市怀柔区举行了第一届全国定向锦标赛，1995 年在吉林省吉林市举行了首届全国大学员定向锦标赛，2002 年第二届全国体育大会将定向运动列为正式的比赛项目，2004 年被列入全国大学员运动会正式比赛项目。

截至目前，定向运动发展迅速、赛事众多，如全国锦标赛、青少年锦标赛等，参与人数创新高。

二、定向运动的类型

（一）徒步定向

徒步定向包括定向越野、接力定向、夜间定向、公园定向等。

定向越野（徒步定向）是各种定向运动形式中组织方法较为简便、开展最为广泛的一种。由于它侧重考验个人的识图用图、野外选择线路和奔跑的能力，因此男女老少都可以在同一个场地享受竞技的快乐。

接力定向是展现团体间实力的最佳竞赛形式，其成绩依赖于每个队员个人能力的发挥。在接力比赛中，比赛的线路被分为若干段，每个选手只完成其中的一段，各段选手的成绩相加为该队的最终成绩。为便于观众欣赏各选手间的激烈竞争，接力定向在赛场上设有“比赛中心”，各段选手的交接（“换段”）均在这里以触手的方式进行。

夜间定向是一种很刺激的定向比赛形式。由于是在光照不足的夜间进行的，不仅增加了比赛的难度，还对观众和选手更增加了吸引力和紧张感。夜间定向所使用的器材，主要是点标本身或附上的反光材料，只要有一点光线投射到它上面即可反光。选手也需携带用于查看地图的照明设备。

公园定向是在城市公园、小城镇、居民区或类似地形上举办的徒步定向活动。有专门的世界性组织叫作“世界公园定向组织”（Park World Tour，简称 PWT）。PWT 在世界各地公园或城镇举办公园定向活动和比赛，以便通过电视转播等直观、详尽的技术手段，把定向的魅力展现在人们面前，以此提升定向运动的影响力和商业价值。

（二）工具定向

工具定向包括滑雪定向、山地车定向、轮椅定向等。

滑雪定向可按个人、团体或接力比赛形式进行。它与徒步定向的区别是选手需要使用规定的滑雪装具，供比赛用的滑道需要使用摩托雪橇提前开辟。同一比赛路线上的滑道通常不止一条，以便选手自行选择更有利于自己的滑行路线。

山地车定向就是选手骑在山地车上进行的定向运动。它需要的场地比徒步定向稍大，区域内的大小道路要能构成网络，以便于选手骑行。由于不便频繁看图，山地车定向的选手比徒步定向的选手更需要培养地图默记的能力，同时，在崎岖地形上熟练地驾驶山地车的技术也是必不可少的。山地车定向也可按个人、团体或接力比赛等形式进行。

轮椅定向是为伤残人士特别设计的定向运动形式。常见的赛法是在户外道路的两侧设置若干“检查点群”（每处 3 ~ 6 个点标），选手需要按照地图与检查点说明的指示，在每个“检查点群”处挑选出唯一正确的那个点标。这种赛法不仅适用于伤残人士加入定向的运动中来，还可以为新手提供定向基本技术的训练。

三、定向运动的装备

（一）指北针

定向运动中最重要的仪器就是指北针，也是定向运动可使用的合法帮助之一。

（二）定向地图

定向地图是定向运动重要的器材之一，它质量的好坏直接影响运动员比赛的成绩，关系到比赛是否公正，因此，国际定联专门为国际上的定向比赛制定了《国际定向运动图制图规范》。定向运动地图一般由方向指示标识、比例尺、规定的颜色、图例注记和检查点符号说明表等要素组成。定向地图是用磁北方向线和指向箭头指示地图方向的。定向地图上用的比例尺有数字式、文字式和图解式等，通过比例尺我们可以更好地阅读和理解定向地图。为了使不同国家的定向爱好者都能方便地阅读和理解定向地图，国际定联统一规定了定向地图的符号和颜色，具体可分为地貌符号、岩石与石块符号、水系与淤泥地符号、植被符号、人工地物符号、比赛路线与技术符号和检查点说明表等。定向地图要比普通地图更加准确详细，容易对照图上的符号标记与实际地形中的实物。运动员可以根据定向地图上所规定的线路选择行进的路线。

（三）检查卡片

检查卡片主要用于判定运动员的成绩。可用厚纸片制成，分为主卡和副卡两部分。主卡由运动员在比赛中携带，并按顺序将每个检查点的点签图案印在空格中，到达终点时交裁判人员验证。副卡在出发前交工作人员留底和公布成绩时使用。检查卡片的尺寸一般为 21cm × 10cm。

（四）检查点

检查点用于检验运动员是否按规定跑完全程而设置的专门标志。检查点应在地图上准确地标示出来。检查点标志是由三面标志旗连接组成。每面正方形小旗，沿对角线分开，左上为白色、右下为红色，旗的尺寸为 30cm × 30cm，可以用硬纸壳、胶合板、金属板、布等材料制作。检查点标志应悬挂在图上标明的地点，一般距地面 80 ~ 120cm。标志旗通常要编上代号（国际上过去曾使用数字做代号，现已规定使用英文字母），以便选手在比赛时根据旗上的代号判断是否找到了正确的检查点。

（五）打卡器

打卡器是和检查点配合使用的，它提供给运动员一个到达位置的凭据。打卡器的样式很多，但最常见的还是钳式。检查钳是用弹性材料制成，顶端装有钢针，钢针的不同排列，使检查钳可以印出不同的图案印痕。运动员可在检查卡片上打孔。这种打卡器价格便宜、使用方便，适合日常教学和训练以及一些小型比赛。

（六）服装

服装方面，应以轻便、舒适及易于活动为佳，过紧和太厚的衫裤使人举步维艰。鞋子方面要求鞋身有防水作用，鞋底有凸齿，以便在碎沙地不易滑倒。

四、定向运动技术

（一）标定地图

标定地图就是为了使越野图的方位与现地的方向相一致。这是使用越野图最重要的前提。

1. 概略标定

越野图上的方位是：上北、下南、左西、右东。当我们在现地正确地辨别了方向之后，只要将越野图的上方对向现地的北方，地图即已标定。这种方法简便迅速，是定向越野比赛中最常用的方法。

2. 利用磁北线（MN 线）标定

先使透明式指北针圆盒内的定向箭头“↑”朝向地图上方，并使箭头两侧的平行线与越野图上的磁北线重合（或平行），然后转动地图，使磁针北端对正磁北方向，地图即已标定。

3. 利用直长地物标定

利用直长地物（如道路、沟渠、高压线等）标定地图，首先应在图上找到这段直长地物，对照两侧地形，使图与现地各地形点的关系位置概略相符，然后转动地图，使图上的直长地物与现地的直长地物方向一致，地图即已标定。

4. 利用明显地形点标定地图

当一个人位于明显地形点上，并已从图上找到该地形点的位置（自己所在的站立点）时，可以利用明显地形点标定地图。方法是：先选择一个图上与现地都有的远方明显地形点（目标），然后转动地图，使图上的站立点至目标的连线与现地的站立点至目标的连线相重合，此时地图即已标定。①

（二）对照地形

对照地形，就是要通过仔细的观察，使图上和现地的各种地物、地貌一一“对号入座”，即相互对应。对照地形在定向越野比赛中的作用主要有两个：一是在站立点尚未确定时——只有正确地对照地形，才能在图上找出正确的站立点位置；二是在站立点已经确定，需要变换行进方向时——只有通过对照地形，才能在现地找到已选定的最佳行进路线。对照地形一般应先标定地图，然后根据不同的需要采用不同的对照方法。

在站立点尚未确定前：首先应概略地标定地图，然后迅速地观察周围，记清最大或最有特征的地物、地貌的大概方位与距离，并从图上找到它们，此时站立点的位置即可概略地确定。若想较精确地确定，则需按下面所介绍的方法去做。

在站立点已经确定之后：同样首先应概略地标定地图，然后从图上查明自己选定的运动路线上近前方两侧的特征物，同时记清它们的大概方位与距离，并将它们在现地辨别出来，然后再前进。如果因为地形太复杂，如山峦重叠、形状相似等，不易进行对照，可以先采用较精确的方法标定地图，然后用带刻度尺的指北针的长边切站立点和特征物，并沿这条直长边向前瞄准，则特征物一定在此方向线上。如此方法不能解决问题，应变换对照位置，或者登高观察和对照。需要强调的是，无论在什么情况下进行现地对照地形，都必须特别注意观察和对照地形的顺序与步骤问题。现地对照地形的顺序一般是：先对照大而明显的地形，后对照一般地形；由近及远，由左至右；由点及线，由线及面；逐段分片，有规律

① 许庆忠 . 定向运动技能训练与教学实践 [M]. 长春：吉林人民出版社，2021.

地进行对照。在步骤方面，首要的也是必不可少的是要保持地图方位与现地方位的一致，然后再根据不同需要进行后面的步骤。

（三）确定站立点

熟练地掌握在图上确定站立点的各种方法是学习使用地图的关键。对于这些方法，除了要记住它们各自的步骤、要领外，还要学会根据不同情况，对它们进行选择使用和结合使用。

直接确定：当自己所处位置是在明显地形点上时，只要从图上找出该地形点，站立点即可确定。这是一种在行进中，特别是奔跑中最常用的方法。但是，采用直接确定法的困难在于：在紧张的进程中，怎样才能很快地发现可供利用的明显地形点？当同一种明显的地形点互相靠近的时候，怎样才能够正确地区别它们，防止“张冠李戴”？可以称得上是明显地形点的地物主要有以下内容：单个的地物；现状地物的拐弯点、交叉点（呈“十”字形）、交会点（呈“丁”字形）和端点；面状地物的中心或者有特征的边缘。可以称得上是明显地形点的地貌主要有：山地、鞍部、洼地；特殊的地貌形态：陡崖、冲沟等；谷地的拐弯、交叉和交会点；山脊、山背线上的转折点、坡度变换点。

利用位置关系确定：当站立点位于明显地形点附近时，可以采用位置关系法。利用位置关系法确定站立点主要是依据两个要素：一是站立点至明显点的方向，二是站立点至明显点的距离。在地形起伏明显的地方，还可以结合高差情况进行判定。

当站立点附近无明显地形点时，可以利用“交会法”确定站立点。按不同情况，它又可以具体分为90°法、截线法等。这些方法的优点是：不需要判断或测量距离也能确定出较为准确的站立点位置，这对于初学者学习、巩固使用越野图的训练是很有意义的。但是，它们中的一些方法，要么只能在某些特定的条件下才能运用，要么就是步骤烦琐、费时费力，因此在定向越野比赛中一般较少使用。

90°法：当待测点位于线状地形（包括道路、沟渠、山背线、谷底线、坡度变换线等）上时，如果在与运动方向相垂直的方向上能够找出一个明显地形点，那么确定站立点就简单得多，线状地形符号与垂直方向线的交点即为站立点。

截线法：当待测点位于线状地形上，但在其与运动方向相垂直的方向上没有明显地形点，可以采用此法。

第四节　山地自行车运动

骑自行车与跑步、徒步、游泳一样，具有锻炼内脏器官的耐力和提高心肺功能的作用。由于骑自行车是异侧支配运动，两腿交替蹬踏，还可使左右两侧的大脑功能均衡协调发展，从而提高神经系统的敏捷性。山地自行车运动具有极高的锻炼价值。山地自行车是专门为越野（丘陵、小径、原野及砂土碎石道等）行走而设计的自行车。它具有轮胎厚重、车身结实、刹车灵敏、减震性好等特点，可以应付各种复杂的地形。

一、山地自行车运动简述

山地自行车起源于美国，是美国青年为了寻求刺激，在摩托车比赛的越野场地上驾驶自行车进行花样比赛而派生发展起来的车型。最早骑山地自行车进行越野的，是一位美国加利福尼亚大学的学员斯科特（James Finley Scott），他是第一位将普通自行车改装成山地自行车式样的人。以后越野运动逐渐在欧美流行，并形成赛事。1990 年国际自行车联盟承认这项运动，1991 年首次举行世界杯赛。直到 1996 年，它才成为奥运会的正式比赛项目。

山地自行车由于骑行方便、出游简单，深受广大户外爱好者的喜爱；但其安全保护措施不容忽视。因为自行车骑行速度较快，发生危险的概率很大，所以车手的头盔、风镜和骑行服等安全装备是必不可少的。

二、山地自行车运动比赛类型

山地车的竞赛项目有越野赛、速降赛（DH）、爬坡赛（HC）、四人越野赛（4X）、双人绕杆赛（DS）和分段赛（SR）。

山地自行车的竞赛和玩法项目非常多，但仅有如下三个项目体现在山地户外运动中。

（一）山地速降

骑着自行车从山间的斜坡飞驰而下给人一种很“爽”的感觉，这就是最原始的 DOWNHILL（高山速降，简称 DH）运动。DH 作为一种以刺激、危险著称的运动很早以前就已经在一些欧美国家相当盛行，原因很简单：极具挑战性。试想一下，驾着自行车以每小时 50 ~ 80km 甚至更快的速度在复杂多变的山路上迅速滑降，对骑行者来说无疑可获得一种心理上的快感。

（二）自行车攀爬

自行车攀爬（TRIAL）是一项颇为有趣的运动。参与者要骑着专用的自行车攀越障碍和岩石，具有较强的观赏性。

（三）自行车越野

骑着山地自行车飞驰在崇山峻岭中，过沟、过坎、涉水、穿越小树林、穿越草地，能够让参与者完全融入大自然。同样的不计时间，只求到达目的地的休闲式的骑行，对参与者来说是一种极大的休闲享受。

三、山地自行车基本骑行技巧

骑行山地自行车和我们平常骑行自行车一样，都需要掌握基本的骑车技巧。

（一）山地自行车的操作

1. 骑车姿势

正确的骑车姿势是上体较低，头部稍倾斜前伸；双臂自然弯曲，便于腰部弓曲，降低身体重心；双手轻而有力地握住车把，臀部坐稳。

2. 体重分配

在较平坦的地面上时，身体 60% 的体重要落在后轮上，40% 的体重要落在前轮上。这样的重量分配既可保证爬坡时车子不会向后翻，又可保证下陡坡时人不会往前翻。

下坡时，身体重心要一直靠后，有时甚至需要胸部贴近车座。

上坡时，重心要移到车座后部，这样腿部能更好用力，上身下压，伏在车把上方。

3. 手的姿势

手是掌控车的，手握车把的姿势，决定了对山地车的控制程度。正确的握把要领是：轻握车把（过紧容易疲劳），肘部稍微弯曲，肩部放松，后背伸直；拇指和其他几个手指要分开呈空拳状握住车把，可防止被震脱落。

4. 踏蹬技巧

脚蹬是用来传送能量的，踏蹬动作是自行车运动中关键的技术动作，良好的踏蹬技术可提高动力的利用率，减少运动员的体力消耗，也可提高行进速度。正确的踏蹬要领是：脚蹬应在脚掌中部和脚趾之间，即脚掌正好踏在脚蹬轴上，脚掌的纵向与脚蹬轴保持垂直。鞋的前端可伸出脚蹬 3 ~ 6cm。

踏蹬动作是周期性运动，车手在踩动脚蹬时应注重节奏感，切忌上下猛踩脚蹬。

5. 刹车技术

刹车时车手一般只需要一两个手指就可把车刹住，其他三个手指还要用于握住车把，控制自行车。但在不同的地形条件下需要运用不同的刹车技巧。在短而陡的斜坡上向下骑行或松软地面上高速转弯时使用前刹；长距离的下坡途中，不能一直按住车闸，那样容易减弱刹车性能。正确的方法是不断地按闸、松闸，直到完全下坡。①

（二）应对不同地形的驾车技巧

山地车越野的主要挑战来自能否在不同的困难地形上骑车。

1. 硬实平坦的路面

车手都希望能在硬实平坦的路面上骑车，因为此时骑车最容易也最舒适。这种路面的摩擦力很小，可以快速通过。有个容易忽视的问题就是：硬路面上有水、沙子或树叶时，路面会变得很滑。

2. 多石的地面

在岩石较多的地面上行车，人会受到不同石块的冲击力，从而失去平衡，难以控制方向。在这种路面上骑行，关键是要磨砺骑车技巧、保持放松。行进时要顺地形变化而不断变化。

下坡时，若道路情况允许，可快速通过。车速度越快，越容易顺利通过。但在此之前要仔细研究一下地形。

上坡时，不要幻想能够一直坐在车座上。若上坡路段较短，双脚蹬住脚蹬站起来，臀部离开车座，上身伏在车把上。这样可更好地应对车子的颠簸，双腿也可更好地用力，从而更好地控制前轮。肘部向下微屈可防止前轮因颠簸而从地面

① 朱亚成．新时代山地户外运动产业高质量发展研究 [M]. 北京：九州出版社，2021.

上弹起。

3. 沙地

如遇大面积的沙地，人很难骑车穿过，必须把自行车扛过去。但若遇到小块沙地，只要速度快一些就能顺利通过。

接近沙地时，自行车要达到一定的速度。在真正接触沙地之前，身体重心应后移，减轻前轮的重量，保证前轮不会陷进沙中。蹬车时用力要平稳、均匀，保持速度，不要转动车把。在其他质地较硬的道路上遇到沙面时，通常可沿着路边无沙处骑过去。在潮湿的沙面路段上，若身体重量在后轮且均匀蹬车，一般能成功穿越。

4. 上坡

上坡时，车手要牢记一句名言“重要的不是如何开始，而是如何结束”。这是骑车爬坡的秘诀。既然是山地车运动，就意味着上下坡都不可避免。

爬短而陡的山坡，骑车时运动强度很大，持续时间短。爬坡前，可加快骑行的速度，以增加动能，较快到达坡顶。骑车爬陡坡时要把体重合理分配到前后轮上，这样车才不会因摩擦力不足而向后翻倒。

爬距离长的山坡应选择一个合适的姿势，开始爬坡的速度应易于保持，慢速前进。身体重心应后移坐在车座上，以提高蹬车的效率。上半身应放松，集中精力爬坡。

5. 下坡

下坡时，要牢记“速度越快，下坡越顺”。

下坡时身体重心应向后移，以手臂完全伸直为宜。同时，上体前倾，下压使胸部降到鞍座的高度。在需要使用刹车时应使用后闸。若后车闸摩擦力不够大，可偶尔使用前闸，但不要完全把前轮刹死。

6. 泥泞和杂草丛生的地形

在泥泞的路段上，主要的应对方法就是扛起自行车前进。如果路上有积水就可以骑过去，因为水不仅可以把车子上的泥巴洗掉，还可减小摩擦力。

茂密的植被也会给车的前进带来不少阻力，自行车骑起来就比较困难，但此时不要用力太多，以免消耗太多体力。此时车手要像对待泥泞地形一样来对待这种地形。

7. 转弯

刚开始学转弯时，大家可能都觉得很吃力。一旦掌握了转弯的基本动作和心理技巧后就能掌握如何顺利通过弯道。

转弯前要控制车速，用点刹的方法逐渐减速，尽可能前后闸同时使用，进入弯道后要将闸放开，转弯时，身体和车子要保持一致，向里倾斜，上体和车子要保持一条直线，以克服离心力。

（三）跨越障碍技术

1. 兔式跳跃

兔式跳跃是指车手能够成功地跨越障碍物，而可以不必减速或中断骑行。当遇到障碍物又没有斜坡辅助腾空时，可以运用这一技巧。兔式跳跃比较容易掌握，平时要多加练习，到用的时候才能得心应手。

正确的要领是：首先，提前注意到障碍物，身体要放松，四肢要弯曲，形成下蹲的姿势，蜷缩在山地车上。其次，在前轮接触到障碍物之前，双手猛地向下压山地车的前部。然后双腿和手臂猛地用力，整个身体向前上方跃起，拉起车把。再次，前轮离开障碍物后，要扭动车把，双脚向后、向上猛拉，此时后轮应离开地面，并跟随前轮的路线腾空飞行。最后，前后移动身体，改变重心。重心前移有助于前轮着地，后移则有助于前轮抬起。尽量使后轮先着地，然后让前轮再着地。

2. 斜坡助跳

这种跳越和兔式跳跃相似，关键在于骑行时要放松。开始训练时，要选择在自己力所能及的范围内练习，等比较熟练后，再学习更高级的技巧。

借助于斜坡和沟壑的边缘起跳，可以在落地前腾空跃出一段距离。技术要领：首先，在起跳前应清楚跳跃的路线并目视前方。靠近障碍物时身体放松，形成蹲伏姿势，四肢微屈，形成下蹲姿势。其次，跳跃跳起时要迅速从车上站起，同时需要再次弯曲四肢，这样山地车就可以朝上运动，靠近车手的身体。当车手和车子腾空时，再次把车推离身体，但仍要保持手臂和双腿轻微弯曲，为落地做好准备。最后，尽量让后轮先着地，前轮后着地。两轮都着地后，四肢要微屈，慢慢地把重心移到自行车上。

3. 越过凹沟

越过凹沟时要尽量水平骑过去。若被卡在沟中，会对山地车造成损害。如遇到小沟，可以骑车跳越过去；如沟足够宽，可以骑进这条沟，在沟沿处身体后移，减少前轮上的重量，而后顺沟而下，到了对面的沟沿时，再猛跳一下把自行车拉上来。上沿时身体重心要前移，只要继续蹬车就可骑出沟。

由流水冲积而成的V形沟是比较难对付的地形之一。这些沟通常都是50cm宽，深度也可达50cm，底部通常也很深。最简单的方法就是把自行车从沟上面扛过去。

第五节　攀岩运动

攀岩运动也属于登山运动，攀登对象主要是岩石峭壁或人造岩墙。攀登时虽不用工具，但可有绳索等保护设备。攀岩者凭借勇往直前的精神、精湛的攀登技术，利用岩石上的凸起、裂缝、洞穴等天然或人工制造的抓手，依靠手脚和身体的平衡向上运动。攀岩运动由于其特有的惊险性、刺激性、技术性、竞争性和趣味性，吸引了众多勇于战胜自我、敢于面对挑战的年轻人的参与。攀岩运动是挑战自然，更是挑战自我。攀岩运动使人们在享受大自然博大胸怀的同时，更能体验到人类挑战自我、实现自我所带来的刺激、愉悦和成就感。

一、攀岩运动的比赛类型

（一）按地点可以分为自然岩壁攀登和人工岩壁攀登

1. 自然岩壁攀登

定义：在野外攀爬天然生成的岩壁，攀登路线需要前期开发并清理，难度适中或适合抱石。

优点：可以接近自然，充分体会攀岩的乐趣；岩壁角度、石质的多样性带来攀登路线的千变万化；由于岩壁固定，路线公开且可长期保留，因此自然岩壁的定级可经多人检测对比，成为攀岩定级的主要依据。

缺点：野外岩场地处偏僻，交通不便，时间和金钱花费都较大；路线开发也比较费力。路线开发时间长后会老化。

2. 人工岩壁攀登

定义：在人工制造的攀岩墙上攀登，包括室内攀岩馆和室外人工岩壁。

优点：对攀岩者安全性要求较高；交通方便，省时省力；不可预见因素少，可以定期训练或进行专项训练；人员密集，便于交流切磋；人工岩壁可以对路线进行保密性设置，从而成为攀岩比赛的主要形式。

缺点：缺少特殊地形，创意性少，自由发挥余地小；支点的可调性使得人工岩壁路线常变，定级主观性更强，准确度偏低。

（二）按攀登形式可以分为自由攀登、器械攀登、顶绳攀登和先锋攀登

1. 自由攀登

定义：不借助保护器械（主绳、快挂、铁锁等）的力量，只靠自身力量攀爬。

特点：此种攀登形式在我国占主导地位，较符合体育的含义范畴，考验人体潜能。自由式按攀登的风格又细分为以下内容。

on sight：指攀登者在事前完全不知道该路线的攀爬信息，只能从地面上对路线进行观察，没有看过其他人对此路线的攀登，也没有从其他人或文章中得到有关此路线的描述或难点信息，第一次尝试就以先锋或传统攀登的形式，不脱落地完成路线。这非常考验攀登者的观察力、判断力、技术水平和临场应变能力，是攀登者能力的最好说明。

red point：指攀登者可以对路线进行反复的观察和尝试，在这个过程中可以多次坠落，尝试不同的动作和策略，熟悉路线的每个环节，但最终要求以先锋攀登的方式，从地面开始一次性无坠落地完攀该路线。能以 red point 方式完成一条路线，说明攀登者的自由先锋攀登能力的最高点。

2. 器械攀登

定义：借助器械的力量攀登。

特点：在大岩壁攀登中较为常用，对于难度超过攀登者能力范围的路线有时也借助器械通过。其意义存在于攀登者的项目目标和活动历程中而不在于攻克难度动作。器械攀登对器械操作的要求较高。

3. 顶绳攀登

定义：在岩壁上端预先设置好保护点，主绳通过保护点进行保护，攀登者在攀登过程中不需要进行器械操作。

特点：安全，脱落时无冲坠力，适合初学者使用；对岩壁的要求苛刻，岩壁

必须高度合适（8 ~ 20m），且路线横向跨度不大。由于需要绕到岩壁顶部进行预先操作，架设和回撤保护点的工作都比较烦琐。有时为方便初学者，可在先锋攀登的路线上架设顶绳。

4. 先锋攀登

定义：路线预先打上数个膨胀钉和挂片，攀登过程中将快挂扣进挂片成为保护点并扣入主绳保护自己，攀登者需要边攀登边操作。

特点：它比传统攀登安全性高，可以降低心理恐惧对攀爬的影响，从而全力以赴突破生理极限，挑战最高难度；另外，在角度较大或横向跨度较大的路线中，先锋攀登方式比顶绳保护有更大的便利，可以让攀登者脱落后很容易地重新回到脱落处，对难点进行反复练习。由于这种方式使攀岩由冒险的刺激运动变成安全的体育训练，所以先锋攀登被称为 sport climbing。

（三）按比赛形式可以分为难度赛、速度赛和抱石赛

1. 难度赛

难度赛是以攀岩路线的难度来区分选手成绩优劣的攀岩比赛。难度攀岩的比赛结果是以在规定时间里选手到达的岩壁高度来判定的。在比赛中，队员下方系绳保护，带绳向上攀登并按照比赛规定，有次序地挂上中间保护挂索。比赛岩壁高度一般为 15m，线路由定线员根据参赛选手水平设定，通常屋檐类型难度较大。

2. 速度赛

速度赛的路线难度相对较简单，在无失误的情况下每名选手皆能顺利完攀，因此考验的是选手攀爬的速度。比赛时是由两名选手分别在两条难度相当的路线上竞速，谁先到顶即谁获胜。

3. 抱石赛

与难度赛类似，抱石赛亦是依攀登的高度来决定比赛成绩。但抱石赛是在高度 4m 以下的岩壁举行，无须绳索保护，而是使用安全护垫。抱石赛每场赛事皆有 4 ~ 6 条路线，每条路线则设置了“中继点”与“完攀点”，计分是依完攀或抓到中继点的数量与次数来评断，规则较为复杂。而抱石赛由于线路较短，因而主要是考验选手的爆发力。

二、攀岩运动装备

详细内容见第四章“户外运动装备”。

三、攀岩运动的基本技术

攀岩是一项力量和协调性相结合的运动，需要有良好的身体条件，但更重要的是要有熟练的技术。学习攀登技术实践性很强，必须在不断攀登中练习，如果能有技术熟练者在旁指导，将能收到事半功倍的效果。本小节将着重讲述天然岩壁的攀岩技巧。由于攀岩的技术动作具有相通性，因此天然岩壁的攀岩技巧也适用于人工岩壁的攀岩。

（一）手法

徒手攀岩强调的是手和脚的灵活应用，因此我们学习攀岩首先要学习的是手与脚的用法，这是攀岩的基础。手是人体最灵活的部位，应用攀岩中的手法技巧时，必须了解手点的形状和大小，不同的手点对应有不同的使用技巧。初学攀岩时都有错误的认识，就是认为手和手臂要承受最多的压力，所以认为往上方攀爬时手臂的力量要大些。然而实际情况是，在岩壁上你的手大部分是用来掌握平衡的，而且有时一个小小的口袋点就能让你感到已被牢牢地稳定在岩壁上了。因此，不管角度如何，抓点时千万不要在手上使太大的力；相反，手要放松，用最小的力去抓点，如果手抓点时用力过大，手臂力量就很快会消耗殆尽，手就会很快从岩壁上脱落。

攀登者可利用手点保持平衡、引体向上，或提供各种形式的反作用力。手点最佳的高度是在头顶附近，不仅不需费力便可抓到，还可让你的手臂打直来休息，因为弯着手臂挂在岩壁上反而会比较累。一只手打直挂在岩壁上，垂下另一只手臂甩一甩，短暂休息一下，然后再继续攀登。

在攀登自然岩壁时，手的动作变化要根据手点的不同而采用不同的用力方法，如抓、握、抠、扒、捏、拉、推、压、撑等，下面讲解各种手法的动作要领。

可供五根手指全用上的手点最牢固，保持指头并拢可达到最大的抓握力；稍大的手点可让人用整个手掌包覆岩点，而小的手点或许只能容许指尖扣入。当抓握式手点小到不能把全部手指全放上去时，那就需要用手指尖抓握。

当遇到小口袋点时，捏式手点可让攀登者保持持久的平衡，可空出一手，进行其他攀爬动作。当手点越来越小时，就必须用到不同的抓点技巧。手指抓住一个狭小的台阶，大拇指反方向抵住岩边，可以增加抓握力；也可握成环状，大拇指压在食指上以增加施力。抓握岩壁上的小裂缝或小口袋点时，可用一根或两根手指的口袋点抓法。在极小的点上，可将两根手指堆叠起来，增加施力。

在野外攀登时常常遇到各种裂缝，裂缝也可以为我们提供各种手点。使用这些手点时也需要不同的手法。

在攀登时如遇最狭窄的裂缝，可将手指挤入裂缝，宽度只要能够塞入一两根手指或指尖即可。动作要领是：首先拇指朝下，将手指滑入裂缝，然后转动手部将手指卡住裂缝。可把指头叠起来以增加强度，或将拇指和食指围成圆形。[①]

对于略宽于手指的裂缝，可将拇指朝上伸入裂缝中，用指关节抵住裂缝两侧，食指伸入裂缝中以指尖压紧拇指第一个关节，形成一个环卡住裂缝。

若裂缝极窄，也可将拇指朝上，小指最先伸入裂缝，其余手指依次叠加在上面（指尖朝下，指甲面朝上）。

挤塞手指时拇指也可朝下，拇指朝下压向一侧的岩壁，其余四指推向另一侧，利用反作用力来挤塞。

当脚掌无法塞入手指宽度的裂缝，但脚趾可以塞入时，可将脚掌侧偏将脚尖伸入裂缝，然后转动脚部来挤塞。也可将脚趾挤入岩壁内角，脚跟低于脚尖，用力向下压，产生摩擦力来固定。攀登手指宽的裂缝时，脚部也可应用摩擦点（稍后将讲述）的技巧。

最易掌握的裂缝是手掌厚度的裂缝。将整只手掌伸入裂缝，屈成弓形，拇指向下推，尽量把手掌撑开抵住岩壁。遇到较宽的裂缝时，可将拇指缩进手心内以增加对岩壁的施力。

当手的位置高过头部时，拇指朝下的挤塞方式最为稳固。在倾斜裂缝上攀登时，最好是一拇指朝上，另一拇指朝下。

在使用手掌挤塞时要随时注意肘和身体的位置，会对挤塞的牢固性造成很大的影响。向上攀登时，肩膀和身体必须转动才能产生足够的力矩以及下压力，施力方向应是向下拉，而不是往外拉。总而言之，在使用手掌挤塞时，前臂与裂缝保持平行就行了。

拳头宽度的裂缝可将手握拳塞入裂缝中，大拇指可根据实际情况留在拳外或握入拳内，手心可朝向裂缝里面、外面或朝向侧面。收缩拳部肌肉可令拳头略微胀大些，会挤塞得更紧。

手掌厚度的裂缝也很适合用脚来挤塞，可将脚掌侧伸入裂缝，鞋底贴着另一

---

① 王培善．攀岩运动教程 [M]．上海：同济大学出版社，2019.

边的岩壁，然后旋转脚掌来卡住裂缝。使用时避免将脚掌卡得太紧，否则会很难拔出来。拳头宽度的裂缝通常也可容下整只脚掌伸入。同样将脚侧伸入裂缝，鞋底贴着另一边的岩壁，随后转动脚掌以固定位置。比拳头宽的裂缝可将脚斜着伸入挤塞，或利用整只脚掌（脚尖和脚踝）卡住。

（二）脚法

攀岩要想达到一定水平，必须学会腿脚的运用。腿的负重能力和爆发力都很大，而且耐力强，攀登中要充分利用腿脚力量。攀登岩石时，要尽可能地用全脚掌踏在凸出或凹入的岩石棱角或小台阶上；找不到适当的踏脚点时，应根据实际情况决定脚点的踩法。

一般在小的脚点上主要可用三种踩法：外侧踩、内侧踩和摩擦法。在踩点时要注意踩点的面积，并不是越大越好，尽可能寻找可发力部位。很多脚点皆适用这三种技巧，至于要选哪一种则取决于个人偏好和鞋的类型。

使用鞋底边缘踩踏时，鞋底边缘可平放在脚点上，再把重量放上去，用鞋底内侧或外侧踩踏皆可，内侧踩较简易、安全。用鞋底边缘踩小脚点很容易疲累，因为身体重量仅靠脚趾支撑。侧踩是最基本的踩点方法，但是要熟练掌握必须通过大量的练习。侧蹬能让攀爬者的身体更加贴近岩壁，也有利于把身体的重量放在脚上，同时又可减少手的拉力。

使用摩擦法时，脚尖须朝上，用鞋底的大部分压在岩面上尽可能产生摩擦力，主要用脚的大趾头发力。坡度较缓的岩壁不需要真正的脚点，只要让鞋底和岩石接触面产生足够的摩擦力即可。遇到陡一点的岩壁，则须将足尖“黏”在脚点上；光凭岩面上的不规则纹路或小凸起，便足以提供摩擦力和稳固性。

在使用大的脚点时，脚只需踏进能保持平衡的程度即可，踏入太多反而迫使位于下方的脚向外移而失衡。

在野外经常会遇到斜板岩壁（坡度小于 90° 的光滑岩面），斜板攀登时需运用摩擦法。其基本要领是弯曲脚踝（脚跟放低），重量放在脚趾上，使鞋底和岩壁间的摩擦力达到最大。身体不要向坡面倾倒，这会使双脚滑开岩壁。应将重量置于双脚，弯腰使手接触岩面，将臀部向后推。

在使用脚点时，要善于改变施力的方向，转动脚踝可增加鞋底和脚点的接触面积，可使摩擦力或支撑力达到最大。身体向后倾离岩壁，可在脚点产生向内和向下的压力，可增加稳定性。

（三）平衡攀登技术

我们在前面已经分别讨论了手和脚的动作要领，在野外攀登时，需要将各种各样的攀岩动作组合起来，平稳地向上攀登。下面将介绍一些常用的平衡攀登技术。

1. 三点固定

在初学攀岩时，“三点固定”是基本的攀登技术，也是常用的平衡攀登技术。技术要领是在双手、双脚握（或蹬）牢 3 个支点的条件下才能移动第 4 点。这种方法也可用于测试岩石是否有松动，因为当我们在测试新的手点时，其他三点可以稳当地保持平衡。

2. 侧拉攀登

侧拉攀登也是利用反作用力的典型技巧，用手拉和脚推攀爬而上。此法可用于攀登岩壁内直角的裂缝或是沿板状岩边缘攀登。双手抓住裂缝一侧，手臂拉直，身体向后倾，双脚抵住对侧岩壁。手臂一定要打直，以减轻对肌肉造成的压力。

在进行侧拉攀登时，身体有时会失去平衡而摆动，因而导致坠落，这种情况称为“开门”效应。若要防止开门效应的发生，则最靠近岩面的脚不要施力过度。

3. 架桥式攀登

架桥式攀登是利用反作用力在岩壁的两点间提供支撑，在无明显手点或两支点的距离过大时，只需用双脚或单手单脚朝反方向施力，即可攀上陡峭的岩壁。

可利用架桥式攀登攀上陡峭的岩面：一脚抵住微凸的岩面，另一脚或手撑住另一边微凸的岩石，施以反作用力即可。

4. 台阶攀登

当高处没有手点时，把脚抬到原本的手点，手向下推，顺势把身体撑上去的方法称为台阶攀登法。

典型的台阶攀登最适合用在齐胸高的台阶上，脚先向上爬几步，直到可将双手平贴到台阶上为止，掌心向下，双手手指相对，手臂伸直撑起身体。脚再往上走几步或自踏足点跃起，将一只脚抬到台阶上，然后站起来，手伸向下个手点保持平衡。

台阶攀登忌用膝盖，因为膝盖跨上去后很难转换成脚站起来，尤其是上方岩壁陡峭或遇有悬岩时。有时在撑起中途能伸手够到手点，帮助我们站立。

5. 换脚或换手

有时为了在岩壁上进行其他的攀爬动作，需要在岩壁上换手或换脚，这也是一种保持平衡的方法。

换脚时，可以先找一个狭小、不明显的点，便于一脚离开原脚点，另一脚移到原脚点上；若脚点足够大，可以将单脚移至脚点边缘，挪出些许空间容纳另一脚移过来；对于较小的脚点，还有一种正确的方法，以从右脚换到左脚为例，先把左脚提到右脚上方，右脚以脚在脚点上最右侧为轴逆时针转动，把支点左侧空出来，重心还在右脚上，左脚从上方切入，踩点，右脚顺势抽出，重心过渡到左脚，右脚开始寻找新的脚点。

和换脚时一样，换手时也可利用中继动作。可以把双手上下交叠地放在同一个手点上。如果位置不够，可以举起手点上的一根指头，以另一只手的一根指头递补位置，一次一根指头地完成换手动作。

（四）攀岩的节奏

攀岩讲究节奏，讲究动作的快慢和衔接。每个动作做完，身体都有一定的惯性，若上一动作正确到位身体也可保持平衡，这时可利用惯性直接冲击下一支点，两个动作间不做停顿，这样可以顺利通过一些看似很困难的支点。否则过分要求稳，一动一停，每个动作前都要先移动重心、调节平衡，然后开始发力，必然导致体力消耗过大。动作要连贯但并不是要粗枝大叶，各个细节要到位，上升时一定要由脚发力，不能用手猛拉。手的主要作用是保持平衡和把身体拉向岩壁；动作要连贯，并不要求太快。每个动作都要做实，一般做一两个连贯动作稍稍停顿一下，调整重心，观察选择路线，困难地段快速通过，容易地段稳定、调整。连贯—停顿—连贯—停顿，间歇进行，连贯动作时手脚、重心调整一定要到位，冲击到支点后要尽快恢复身体平衡。如有必要，可选好地段稍事休息，放松双手。进行练习时可把各个动作分解成几个步骤，细细体味各处细节，分析如何才能节省体力。若这样熟练了，实际攀登时根本不用考虑，条件反射就能做出正确动作。

第六节　速降运动

速降是借助于绳索和下降器材从高处快速下降的一种运动，包括岩降、桥降、瀑降和塔降等项目。速降是一种刚刚兴起的户外运动项目，同攀岩一样，速降也是由登山派生出来的，勇敢的登山者遇水而涉，逢崖而降，逢岩而攀。速降逐渐以其独特的魅力吸引了一批户外运动爱好者走上悬崖峭壁，走进峡谷溪流，爬上高塔去体验自由下滑的感觉，挑战自我、锻炼胆识并享受刺激。

一、速降运动装备

速降在不同的地形开展有不同的特点，但所用的装备大体相同，通常包括安全帽、安全带、铁锁、下降器、静力绳、手套等。

安全帽：和攀岩等户外运动一样，安全帽是不可或缺的安全装备，下降途中一块小小的石块砸在头上就能造成极大的生命危险。

安全带：速降时使用的是坐式安全带，由腰带和绑在两侧大腿根的腿带构成。穿戴时要注意调整好松紧。另外，部分安全带要求打反扣，即带子系好后沿反方向穿回，以防途中带子松开脱落。

铁锁：主要起连接作用，材料非常坚固，经过 UIAA 及 CE 所认证的铁锁的纵向关门拉力最小为 18kN（1kN=100kg 的重量）。在扣紧主锁时要注意，沿螺纹拧到头后要向反方向松半圈，以防受力后铁锁锁死。

下降器：最普遍使用的下降器是“8”字环。在收放“8”字环时，一定要轻拿轻放，如果环体出现裂纹，应立即停止使用。

静力绳：绳子主要有动力绳和静力绳两大类，在速降中使用静力绳。其延展性近似为 0，不能靠收缩来吸收冲击力。

手套：由于速降的距离长、速度快，下降器很容易摩擦发热，甚至会烫手，加上手握静力绳抓放控制下降速度，因此速降时要戴副手套。

二、速降的基本技术

速降是一个新兴的运动项目，在登山和救援中扮演着重要角色。速降通常包括四个部分，即保护点、绳子、下降方法和速降者，这四个部分都很重要。若有一环失误，就会酿成事故。所以我们必须将四个速降环节牢记在心，在任何情况下都要再三检查四个环节功能是否正常，是否能够连接在一起形成一套系统。

（一）速降系统

保护点：速降系统的第一个环节就是保护点，整个系统都连接到这个保护点。保护点必须十分小心谨慎，一定要注意其强度与安全性。一旦开始下降，安全降落都完全倚赖这个保护点，其重要性毋庸置疑。

绳子：绳子是速降系统的第二个环节。通常用铁锁把绳子和保护点连接起来。若用双绳下降，最后就需在底部拉其中一条绳尾来收绳；短程速降也可以只用一条绳子单绳速降，此时绳子的一端简单地绑在保护点上；在较高的地方速降时则需要较长的绳子，可用双渔人结将两条绳子连接在一起。绳子的连接点应置于接近保护点的位置，让垂下速降路线的两边绳子等长。不同直径大小的绳子也可连接用于双绳速降。

下降方法：速降系统的第三个环节是下降方法，我们可以利用它在绳子上施加摩擦力以控制速降速度，同时又很稳固地连接在绳子上。

速降者：速降者是速降系统中可变性最大的环节，必须使用正确的技术以连接速降系统，并安全地速降。个人的自身因素，如态度、紧张的程度、技术和训练等主观因素，以及天气、落石、落冰及地质等客观因素都会影响速降的安全性。

1. 绳子和保护点的连接

在准备下降用绳子时，先将它连接到一个天然或人工保护点上。最简单的方式是先用扁带和保护点连接起来，然后用铁锁（最少两把）将绳子的中点和扁带连接起来。这样可以减少摩擦力对登山绳的伤害。特别是在保护点是岩石、膨胀钉或岩钉的情况下，一定不要直接把登山绳环绕过岩石或穿过膨胀钉与岩钉的孔眼，因为这样做所造成的摩擦力可能会让人在下降到底部后无法收绳，甚至割断登山绳。

有时在做长距离下降时，利用双渔人结将两条绳子接在一起，并在两端打个单结。或是用 UIAA 认可的方法，采用双单结连接绳子，尾部留下 40 ~ 60cm 的绳段。这个方法在国外很受欢迎，因为双单结在抽绳时不太容易被岩石边缘钩住。也可在打了一个双单结后再打一个双单结，作为备用。

在将绳子连接到保护点上时，要注意速降完后会用哪一端绳尾来抽绳。在使用两根绳子时，把绳结节点部分置于保护点下方，抽绳时拉此绳段，否则绳子可能会被卡住而无法抽绳。

连接保护点的扁带和登山绳的连接点，必须远离速降路线上的岩石、雪或冰的边角，以免登山绳被钩住或磨损。

2. 抛绳

在下降绳和保护点连接后就可以将绳子抛下了。在抛绳的过程中，请遵循下面的步骤，可降低绳子被卡住、缠住或坠落的风险。

首先在绳子的尾端打上备用绳结，“8”字结就可以。

以铁锁为中点，分别将两段绳子各自盘成两个呈马鞍状的绳盘。因此，总共会有 4 个呈马鞍状的绳盘，保护点两边各 2 个。

在绳子中点附近打出一个单结，然后用铁锁把单结扣入保护点，以避免丢下绳盘时将整条绳子带下去。

在一个人站到崖边抛下绳子前，先要确定自己已经连接到保护点上。

在抛绳之前，大喊“抛绳！”以提醒下面的人注意。

先从保护点其中一边的两个绳盘开始，先抛下接近保护点的绳盘，然后再抛下绳尾的绳盘。在另一边重复同样的动作。

4 个绳盘都已抛下后，移除绳中点打上的单结，让绳子用铁锁连接在保护点的扁带上。

如果绳子在抛下的途中被缠住或是钩在下降路线上，最好的方式通常是把绳子拉回来，重新盘一次，再把绳盘丢下去。

（二）下降方法

根据速降所使用的装备和器械的不同，可分为器械速降和非器械速降。

1. 器械速降

大多数速降者所使用的下降方法是由安全带和保护器械所构成的系统。所有的器械在操控方式上都大致相同：在绳子上施加不同程度的摩擦力以减缓下降的速度。将保护点旁两端的绳段置入下降器，然后用铁锁扣入安全带，这与保护时差不多。速降时，弯折在下降器中或环绕铁锁的绳段会产生摩擦力。制动手在下降器下方握住两条绳段，依不同的抓握力与手部位置组合来控制下降。下降器与制动手两者同时控制了下降速度，让人在任何时点均可完全地停止下降。

在下降之初制动手，之所以可以毫不费劲地控制绳子，是因为绳子大半悬在空中的重量会增加下降器的摩擦力。但有一点要注意：制动手绝对不可离开绳子。

“8”字环的使用：“8”字环是一种很受欢迎的特殊下降器械，其设置较简单。正确使用方法是：首先将下降绳拉出一个圈穿过“8”字环较大的孔，然后将此圈下拉绕过“8”字环；最后将“8”字环较小的圈用铁锁扣到安全带上即可。

GRIGRI 的使用：由 PETZL 公司生产的 GRIGRI 机械制动结构的保护器，不仅可以用于保护，还可用于下降。只需将登山绳按照特定的方向按入 GRIGRI 中就可作为下降器使用。

GRIGRI 的一端有攀登者形状的标记，另一端是手状标记。通向保护点的绳端一定要从攀登者标记的那一边穿出去。如果穿反了绳子，GRIGRI 里面的齿轮是不会发生作用的，人就会从登山绳上直接滑下来。下降前的安全检查方式是使劲拽一下攀登者标记这一端的绳子，如果绳子穿得正确，GRIGRI 就会锁定。

意大利半扣的使用：可以使用意大利半扣和梨形铁锁搭配作为一种下降方法。先在绳子上打一个简单的圆圈，然后扣进铁锁中即可。通过抓握绳子的制动端所产生的摩擦力足以保证下降所用。此法虽然容易扭结绳子，但仍可作为备用的下降方法，因为它只需一个铁锁。

2. 非器械速降

在野外并不都是有各种技术装备，学习几种无须什么特殊器械的速降方法，可以作为应急使用。下面将介绍几种非器械速降方法，绳子只是简单地缠绕在身体的某些部分，即可作为下降方法。

（1）之字形下降法

这种方法是利用主绳与身体的直接摩擦而下降的。下降首先要进行准备动作，面向固定绳端，两腿夹住上方固定好的主绳，将身后主绳沿左腿外侧绕至前面，经腹、胸、右肩至背后，拉至左侧下方，用左手握住，右手握住固定绳端虎口朝上。

下降方法及动作要领与器械下降基本相同。此方法适宜以下情形：手边没有其他合理的替代方式，或是仅用于短程、简单且坡度较缓的下降时才可用。

下降时，应身着较厚且耐磨的衣服，一定要熟练掌握动作要领，维持好身体平衡。经左大腿根部的主绳不能移位或脱离。右手始终握住主绳，随身体的下降逐渐松动主绳。下降速度不宜过快，要有节奏。[①]

（2）手臂下降法

手臂下降法也不常使用，偶尔会在快速下降坡度较缓的山坡时使用。将下降绳置于背部，绕过两边腋下，然后各自在两臂绕一圈。确定绳子没有绕经任何裸露的身体部位，否则势必烫伤。用手抓握绳子来控制下降速度。

（3）缘绳下降法（利用抓结）

在坡度近于90°时，可采用缘绳下降法。此方法简单易学，只要有一条主绳就可以进行下降操作。将主绳在陡壁上方固定，余下的主绳扔至崖下，速降者在主绳上打好抓结，另一端与腰部安全带上的铁锁连接。抓结到连接处的距离不能太长，也不能太短，以臂伸开能抓住抓结为限。速降者面向保护点，两腿分开站到崖棱时只有拉紧主绳，并握住抓结，方可开始下降。

（三）速降必备的保护措施

1. 自我保护

速降时常用普鲁士结或自锁结做自我保护。具体做法是在下降器下方打一个摩擦结（普鲁士结或自锁结）并扣入安全带的腿环，可以使自己不需要抓握绳子即可停止。制作自我保护绳结可用扁带或辅绳结成的绳圈。将带环或绳圈在安全带的腿环上打个系带结，将它在下降器或制动钩环下方缠绕登山绳，然后将带环或绳圈尾端利用钩环扣入坐式安全带的腿环。

自我保护用的摩擦结主要是防止制动手突然放开绳子而造成跌落，因为它在加速速降时抓紧主绳可有效防止队员因加速速降而失去控制。

2. 下方保护

下降器主要是通过制动手的送放来控制速降速度，因此下方队友只需简单地拉下绳子，就可轻易地控制速降者的移动或使他完全停止，可有效保护其安全。在速降时下方的队友只需松松地握住绳子，随时准备好在速降者发生问题的瞬间拉紧绳子就可保护下降队友了。

3. 备用绳结

生活中时常可见到因各种疏忽而下降时脱出绳尾造成悲剧的例子，为避免这种危险，在使用下降器时，只需在绳子尾端打个大结（例如“8”字结）或将两端

① 王来东，齐春燕. 户外运动与拓展训练理论与方法[M]. 北京：中国书籍出版社，2019.

绳尾绑在一起。就可有效防止此类悲剧发生。

4. 上方保护

在进行首降、受伤队员下降或保护点不稳时，建议使用上方保护且使用另外一个保护点。

（四）速降技巧

1. 速降前的检查

速降系统的四个环节——保护点、绳子、下降方法以及速降者，是每一次下降前的清单，需要据此进行下降前的最后一次检查。

保护点——第一步先确定保护点是坚固及可靠的。

绳子——确定绳子在设置速降系统时已经检查过，没有在先前的攀登或速降过程中造成任何割伤、磨损或其他伤害。检查绳子是否正确地穿过保护点，没有缠住或打结，且不会在经过锐利岩角时突然受力或被岩、雪、冰面磨损。若使用两条绳子，需要检查接绳的绳结。

下降方法——接着检查自己与绳子的连接处，一直到下降器或其他装置。每次速降，队友必须互相检查对方的装置。如果用到安全带，确定已正确扣紧（注意反扣）。特别注意制动系统：两段绳子是否都正确地穿过下降器、绕过铁锁；铁锁是否已正确地连接安全带并锁上；哪只手是制动手；制动手是否安全地抓握住绳子；绳子通过的方向是否正确（特别是在 GRIGRI 中）；任何自我制动或保护措施是否都已正确设置并可用。

速降者——最后，将整个速降系统想一遍。在心中想一遍整个系统的设置、稍后的速降过程以及最后的结束。检查备用绳结；检查绳子怎么拉；检查要拉哪条绳段。注意要把女士的长发、松垮的衣物、背包的带子或者岩盔的颈带都塞好以防卷入下降器。做好安全速降的心理准备，并想想速降时可能遇到的困难。

2. 开始速降

准备好之后，大喊“开始速降！”以警告及提示下方队友，面朝保护点，背对陡崖，制动手牢牢地抓住登山绳垂下的绳段，用另一只手解开连接自己和保护点最后的保护。

3. 速降的姿势

速降者导向手握主绳上端，制动手在胯后紧握从下降器穿出来的主绳。速降者背向悬崖，两脚分开与肩同宽，蹬住崖棱，身体后坐，使躯干与下肢约呈 100°角，将上方主绳搭于崖边上之后，便可以开始速降。技术要领：速降时两腿分开，手拉紧主绳，将上方的主绳搭于崖棱后，左右脚上下支撑，用前脚掌蹬住岩壁，开始速降，先臀部后坐，同时制动手松绳，两脚随身体的下降而迅速向下移步，使之始终保持身体的平衡；如果制动手松绳，臀部后坐，而两脚仍停留不动，则会使身体失去平衡而造成向后翻倒的危险。因此，正确的方法是制动手松绳，两脚随身体重心的下移而及时向下捯脚，支撑身体维持平衡。制动手松绳两脚迅速向下移动，要协调配合，要有节奏。由于两脚呈上下支撑，身体向右倾斜，这样不但便于移动，而且可以观察下降路线。下降速度的快慢主要取决于制动手松绳的多少。快松绳就要快捯脚，下降速度也就加快，一旦要停止下降，制动手只要将主绳拉紧，即刻就能停下来。

4. 速降中暂停

如果需要在速降中暂停，以下方法可以让人停止。某些下降或保护器械具有将绳子停止在器械中的功能，如 GRIGRI。

缠绕腿部：把绳子在一条腿上绕两到三圈。悬吊在下方的绳子的重量会增加缠绕所产生的摩擦力，通常足以止住进一步的下降。直到缠绕完成并经过测试，身体不再往下坠落后，才可将制动手从绳子上移开。

普鲁士结或自锁结：在下降器械下方打个摩擦绳结——普鲁士结或自锁结。

（五）结束速降

1. 完成速降

在即将到达速降底部时，握绳要加大握力，因为绳子的重量所造成的额外摩擦力已经很小了，极容易滑脱。在使用动力绳速降时，要注意绳子延展的问题。在放开速降绳时，它可能会突然往上缩回到原来的长度，让人够不着。最好在接近绳尾时结束速降，而不是刚好在绳尾。在接近绳尾时，还要找一个好的速降地点，要考虑落石或落冰的可能性。接下来大喊“速降完成！”让上面的人知道你已安全完成速降，下一个队友可以开始速降。

2. 抽绳

抽绳时要小心绳子在上方被卡住。如果使用两条连接的绳子做下降，那么知道在下面该拉哪条绳段就显得非常重要。如果拉错，绳结会卡在下降绳环里。最后两个速降者可以大喊应拉哪条绳子，让大家记住正确的绳段。

最后一个速降者必须对绳子和扁带做最后的检查，主要看绳子会不会卡进岩石或铁锁里面。检查完后，下面的人应该拉拉正确的那条绳子，确定可以很容易地拉动。

若采用连接两条绳子进行双绳下降，最后一个人可在第一个方便的岩阶停下，将有绳结的绳段下拉一些，使得接绳绳结能够离开岩壁边缘，以防卡住。

最后一个速降者下来之后即可抽绳。首先除去任何可见的绳子扭结，并解开绳子尾端的安全绳结，然后缓慢而平稳地下拉绳子。其他人则寻找遮蔽以远离绳子或石头可能落下的路线。只要做好准备，绳子可以很容易地拉下来。

如果在抽绳中绳子被卡住，不论绳尾是否已穿过保护点，在用力拉前先试着用搅动或转圈的方式轻摇绳子；通常改变角度也能解决绳子卡住的问题；若绳子卡住时仍然够得到两个绳尾，则可安全地沿绳进行器械上升，在清除绳子卡住的问题后再下降下来。

3. 速降时可能出现的问题及解决方法

松动的碎石：当我们沿着有松动或风化石块的坡面速降时要十分小心，并要佩戴安全帽。若遇到可松动的碎石，要清理干净。

悬岩：速降中遇到悬岩往往会撞到手脚，也有可能把下降器或绳子卡在悬岩的边缘。有一个安全的方法是将脚放置于悬岩边端，然后身体向下使腰部低于双脚。接着用脚从腰部上方的位置往下“走”，直到悬岩下方，而上方的绳子则接触到悬岩上方。在悬岩下方，人会在绳子上自由摆动，应采取坐姿，使用导向手保持身体直立，继续平稳地下降。

钟摆式坠落：有时为了要到达某个特定的速降点，速降者需要斜着走下岩面，而非直直地往下移。如果不小心打滑，可能会被摆荡回坠落线，造成令人不舒服的钟摆晃动。

纠缠物：过长的衣物、头发、背包带子、头盔带子以及其他任何会松开垂下的东西，都有可能会卷入下降器而导致无法速降。速降前可准备一把随时可以拿到的刀子，随时割断纠缠物。

绳子打结：若在速降途中绳子打结或在速降途中被卡住，可在此处上方最近的地点停下，可将绳子缠绕腿部而停下。拉起绳子，在解决问题后把绳子丢下。

下降器卡住：即使采取了预防措施，也有可能发生下降器被卡住的情况。首先使用备用自锁结、普鲁士结或绳缠腿部，好空出双手。接下来，移除下降器上的重量，如站上岩阶，或在下降器上方绑个普鲁士结使自己足以站立。

第七节　洞穴探险

洞穴是一种特殊的自然现象，它所包含的不仅仅是自然科学家感兴趣的诸如地下水资源开发、喀斯特发育研究或洞穴生物演化等自然科学问题，还包括丰富的与洞穴有关的文化。洞穴探险对很多人来说还比较陌生，洞穴的黑暗和丧失方向感是绝大多数人从未体验过的，黑暗、幽闭的洞穴环境给人的紧张和恐惧远远大于对洞穴的好奇。人要怎样克服自身对未知世界的恐惧、在黑暗未知中所产生的种种不安？洞穴探险的魅力就在于人们永远不知道下一步会看见什么，会发现什么，能满足人们无限想象、不断探索的欲望。

一、洞穴探险的起源与发展

我国历史上曾记载的洞穴探险始于明代徐霞客。英国人李约瑟称徐霞客的著作是 20 世纪的野外考察记录。遗憾的是，他没有绘出一份洞穴图纸，不知是失传，还是当时的他没有想到。继徐霞客之后，我国的洞穴探险后继乏人，于是洞穴成了我国遗留在大地上的最后的神秘所在，我国拥有的洞穴数与从事洞穴探险活动的人数很不相称。但这种情况在 20 世纪 80 年代以来已有很大改观：1984 年贵州省地理学会成立我国第一个洞穴组织——洞穴专业委员会；1987 年广州华南师范大学建立洞穴研究协会；1987 年建立广西柳州洞穴协会；1989 年设立中国科学探险学会洞穴探险部；1991 年成立中国地质学会等。直至今天，民间的业余洞穴探险者还是较少的。

在西方，洞穴探险已发展成为体育运动的一个项目，吸引了众多青年参加。参加者必须先在洞穴学校进行严格的技术训练，获得合格证，才能参与探险。持证者不仅有单独洞穴探险的能力，还有遇险时救护别人的能力，以及测量绘制洞穴图等基本技能。美国国家洞穴协会下设 130 个分会、法国则有 450 多个俱乐部，就连人口只有 200 万的斯洛文尼亚也有 45 个洞穴俱乐部……这么多的洞穴协会或俱乐部拥有的洞穴探险爱好者数以万计。而这些洞穴探险爱好者的职业，除了专门研究洞穴的科研人员外，几乎包括了其他所有的行当，有教练、警察、医生、律师和学员等。洞穴探险是极富挑战性的体育运动与充满科学价值的考察活动的综合物，拥有众多的爱好者，破纪录和新发现都是他们的骄傲。

二、洞穴探险的装备

一般而言，探洞装备可分为两类：个人装备与特殊设备。个人装备是指个人进洞时所必备的照明与安全保护手段，包括工作服、头盔、照明灯（电石灯或电池灯）、手套、护膝、护腕与护肘等。特殊设备则是指针对所要探测的洞穴的类型和具体特征，为完成探测而必备的技术手段。

（一）探洞头盔灯

由电池灯、乙炔灯和头盔构成，小型洞穴可用登山头盔及头灯代替，大型洞穴探险必须使用探洞专用头盔灯。

（二）探洞专用下降器

一般使用可自动悬停的下降器，如 STOP 下降器。

（三）安全带

将人体与绳子相连接的装备，洞穴探险经常将胸式安全带和探洞专用安全带配合使用。

（四）胸式上升器

用于垂直上升的装备。

（五）丝扣铁锁

和攀岩用的一样，必须是经过认证的。

（六）MAILLONRAPID

必须使用，用于连接探洞安全带，不可用任何种类的铁锁代替。

（七）探洞安全带

必须使用探洞专用安全带，一般配有防水坐垫，不能和其他的登山安全带混用。

（八）牛尾绳

可用直径大于 9mm 的动力绳自制，但切记只可使用动力绳，也可选用缓冲性更佳的专用产品。

（九）电石罐

放入电石块与水，产生乙炔气体的装置。

（十）探洞包

多用 PVC 材料制成，耐磨且外表光滑。

（十一）手柄式上升器

用于上升，分左手和右手两种类型。

（十二）脚踏带

可用 5.5mm Kevlar 或 Spectra 特种静力绳自制，也可选用专用产品，但切记不可使用有弹力的动力绳。

三、“SRT”垂直探洞技术

（一）SRT 技术装备

SRT 技术装备包括安全带（胸带、臀带）、连接锁、下降器与上升器、保险绳、工具袋（放置垫布、垫圈、打锚器、辅助绳索）等。

绳子是单绳技术的生命线，因而对其质量要求很高。天然纤维编织而成的绳子，如大麻、剑麻和棉花等，很容易在洞穴阴湿的环境中腐烂；而低熔点、低韧性的塑料绳，又很容易摩擦，失重坠落所损坏，因而都不能适用于洞穴探险。当前世界上所通用的探洞专用绳索，是直径为 8 ~ 10mm、高韧性、低延展的尼龙绳。绳子的保养是很重要的。每次外出探险之前或探洞回来之后，都必须仔细检查和用清水清洗绳子，阴干后装入专门的绳袋保管，以杜绝隐患，因为沾满泥巴或遭物理化学损坏的绳子是不适合探洞者使用的。此外，应该注意的是，探洞绳怕刀割、火烧和忌沾蓄电池电解液、电石灰、坏干电池和汽油、煤油等溶剂。在探洞过程中也不能随便将绳子放在尖利的石头上或在绳子上坐人、站立人。①

① 朱云，张巍，胡琳等．休闲体育文化之运动训练教程 [M]. 北京：中国书籍出版社，2018.

（二）SRT 技术操作方法

绳结以“8”字结最牢靠，也最常用，洞口绳索定位与绳索连接一般要求用“8”字结；打锚是在洞壁转折处为避免绳索与洞壁摩擦要求打锚，重新定位绳索；下降是双手运用下降器沿绳索自洞口下滑至洞底；上升是手脚同时运用上升器沿绳索自洞底爬升至洞口；过结是上升器与下降器转换使用，结合保险绳，越过锚点和绳中间结；上升与下降的空中转换是先将所要转换的装置固定在绳索上后再松开以前的老装置。

在此必须指出的是，在运用单绳技术下降和爬升垂直洞穴时，一是洞口绳索必须双保险定位，二是要防止绳索与洞壁发生摩擦，三是在探险过程中要防止洞口碎石块坠落，以免击伤悬在半空或处在洞底的探洞者。

第六章　水域户外运动项目

第一节　自然水域游泳

一、项目介绍

游泳是人类凭借自身肢体动作在水中进行运动的技能。本节介绍自然水域游泳是为了让参与者更好地从事自然水域项目。我国幅员辽阔，有很多地方可以开展水域项目，但野外水域存在较高的危险性，因此加强安全意识，避免各类意外事故的发生及发生意外事故后如何自救和救人是必须强调和学习的。

二、计划与准备

（一）活动师资要求

指导自然水域游泳的教练须具有游泳教练员资格并熟知该自然水域的情况。

在自然水域进行教学时，每名教练最多只能指导 15 名学员。

具有中国红十字会颁发的救护员证以上资质或职业医护人员方可进行医疗救护。

（二）计划内容

在计划行程时，必须考虑下列事项。

确保学员均有能力完成活动。

在天气状况不稳定时应停止活动。

尽量使整个活动在日落前完成。

出发前应拟定行程安排和活动内容，并备份给办公室。

向学员发放活动计划书或告知其本次活动所需个人物品、装备等。

将初次接触自然水域的学员安排在水位浅的水域进行活动。

救生衣在自然水域中均有帮助，教练应指导学员正确穿着和使用，特别是初次学习者。

不要在任何水电站、泄洪坝、水上作业区、航道等区域活动。

（三）活动准备

泳衣、泳镜、泳帽、耳塞、游泳圈或救生衣、其他装备。

三、活动注意事项

如天气有所变化，应离开水面并注意保暖。

选择跳水时，水深最少要有 3m。跳水者须确保在其跳水范围附近没有其他游泳者。

游泳时不能进食，尤其是糖果及香口胶。

如果发现身处水流中，不要试图逆流游泳，应横向游到水流较缓的水域；最重要的是保持冷静，切勿惊慌。

在水中抽筋时应注意：①保持冷静，不要惊慌，保存体力并正常地呼吸。②尽量踏水或仰浮在水面。③单手举起并高声呼救。

养成良好的习惯：①入水前应先做伸展热身操。②入水前应仔细勘察水域，并用浮标划分深浅及安全区域。③结伴游泳以便互相照顾。④不可拿呼救的动作开玩笑。⑤从事水上活动，除游泳外，均应穿着救生衣。⑥离水后应立即擦干身体、保持体温。

游泳出现意外时，当救助者出现后，不要惊慌失措地去抓抱救助者，应配合呼吸，听从救助者的指挥，保持仰卧浮姿。

切勿在漩涡暗流区域游泳，遇到巨大的漩涡时，应以最快的速度沿其切线方向游离漩涡中心，不能采取直立踩水姿势顶水逆游，以防被强大的漩涡吸入水下；不幸被卷入水下时，应在入水前深吸一口气，争取以潜泳的方式在水下逃生。①

四、教练注意事项

经常清点学员的人数，尤其是在活动的前后。

在可以看见全体学员的位置站立。

除遇紧急事故或做示范外不下水。

---

① 白震，李德玉，史国轻 . 大学体育与户外运动 [M]. 长春：吉林人民出版社，2021.

在水中示范时，让全体学员离开水面。

禁止不适宜游泳的学员下水。

在活动前了解天气状况，随时根据天气情况改变活动计划。

活动前查看水中哪个部位的水开始变深并设置警戒浮标。

结束活动前保证全体学员均已离开水面。

不得在岸边解散学员。

熟悉活动范围内的水流、潮汐、天气情况和有潜在危险的区域。

五、学员注意事项

采取“伙伴制”，互相照应。如有意外发生，立即向教练报告。

不应在水中停留过久，尤其在气温不高时。

必须严守纪律，禁止独自游泳、在岸边奔跑、跳跃、追逐、在水中嬉闹及假装遇溺。

不在污浊的水中游泳。

留意警示标记及告示板上的警告。

不在没有救生员当值的海滩或泳池游泳。

不在饭后立即游泳，不在饥饿和疲倦时游泳。

在自然水域游泳时，不要完全依赖助浮救生用品。

未经正规训练，不可使用潜水面罩、吸气管或其他潜水用具。

初学者应在浅水区域游泳。

在下水前，告诉同伴自己的活动范围。

六、如何应对意外事件

在自然水域遇到复杂水情而无法驾驭时，千万不要慌张，应想办法让自己浮在水面上，可保持浮姿，任水冲流，并注意水波流向，再一点一点往岸边移动。在拯救溺水者时，首先考虑用竹竿、树枝、绳索拖拉，或者用大木头、塑料桶等能很好地浮于水面的物体作为浮具实施间接救护，实在无法解救时才入水施行直接救护。如果被救上岸的溺水者神志不清，须采取急救措施，如施行心肺复苏术（CPR），并尽快送往医院。在将溺水者送医院途中应注意保暖，并保持其呼吸道通畅。若溺水者被救起后仍意识清醒，应先让其休息并观察有无异状，再行决定是否让其继续活动。若其咳嗽不止，应送医院检查，以免引发肺部感染。

（一）救生基本原则

岸上救生优于入水救生。

器材救生优于徒手救生。

团队救生优于个人救生。

（二）救生相关知识

安全第一，预防为主。

评估现场环境。

最好的救人方法是器材救生。

向救援机构求救，可拨打120、119、110。

（三）救援方式

利用树枝、抛绳将落水者拉出。救援者应注意自我重心的控制，不可直接用手去拉落水者，防止失去重心，反被落水者拉下水。

划船前去营救，设法在船尾（不要在船侧，因可能会弄翻小船）把落水者拉起，或让落水者抓住船尾，拖其上岸。

救援者先以绳索确保自身安全并穿着救生衣，再入水救人（经过救生训练的人才可下水救援，并且务必要有其他人在岸边支持）。

善用救生器材（利用岸上一切可用之物）。

（四）入水救溺步骤

救援者下水前应尽快脱去衣裤和鞋袜。

入水时要看清落水者位置，保持其始终在视线范围内。

有条件者应尽可能携带浮具下水救援，让落水者抓住浮具再协助其游向岸边。

对神志清醒者要大声告知，制止其挣扎并让其听从指挥。

在救助过程中一定要使落水者的头部露出水面，一是可以保证其顺利呼吸，二是可以减轻落水者的危机感和恐惧感，使救助者能够节省体力，顺利脱离险境。

如果没有浮具，可采取以下方式救援：①从落水者背后靠近，一只手从落水者前胸伸至对侧腋下，肘部紧压其胸，将其头紧紧夹在自己胸前拉出水面，用髋部顶落水者的腰，另一只手划水，将其拖向岸边。②从落水者背后靠近，双手从两侧夹住落水者头部，托起其下颌，仰泳将其拖向岸边。③从落水者背后靠近，双手从落水者腋下钩起，仰泳将其拖向岸边。④让落水者从前面或后面双手搭住救助者双肩，救助者以蛙泳拖带。⑤双人、三人、四人用搭桥式集体救援，但必须注意保持相同频率。

（五）水中自救法

保持镇静、看清方向、协调呼吸，使自己镇静下来。

漂浮于水面，有两种姿势。一种为双手下垂；另一种为双手抱膝，吸足气，全身放松，使背部露出水面，漂浮一段时间再抬头吸气，如此重复，等待救援。此外，也可以仰漂的姿态，即屏住呼吸，头向后仰，放松肢体，双手向两边摆成“大”字形。感觉上浮时，应尽可能地保持仰位，使头部后仰。口鼻将最先浮出水面，可进行呼吸和呼救。呼吸时尽量用嘴吸气、用鼻呼气，做到吸、屏、吐三个动作协调而缓慢，以防呛水，不得将整个头部伸出水面。

（六）抽筋的自救

若游泳时发生抽筋一定要保持镇静，不要惊慌，应一面呼救，一面采取自救措施。

脚趾抽筋：将腿屈曲，向反方向用力将足趾反复拉伸。

脚掌抽筋：迅速用一只手扳起脚尖，使足背弓起；另一只手用力按揉脚掌抽筋部位。

小腿抽筋：先吸一口气，仰浮在水面上，用抽筋的腿对侧的手握住抽筋腿的脚趾，将其向胸部拉，同时用另一只手的手掌压在抽筋腿的膝盖上，帮助小腿伸直，缓解抽筋；也可以将足跟向前用力蹬，同时用一只手握住抽筋腿的拇趾并朝足背方向扳，另一只手则轻轻按揉抽筋腿的小腿肌肉。

大腿抽筋：仰卧并立即举起抽筋的腿，使其与身体呈直角，然后双手抱住小腿，用力屈膝，使抽筋的腿贴近胸部，再以手按揉大腿抽筋处肌肉，并将腿慢慢向前伸直，即可缓解抽筋。

手掌抽筋：将抽筋手的手掌用力向下按压，并做震颤动作，直至抽筋缓解为止。

手指抽筋：将手指用力握成拳头，然后再用力将五指伸直，快速连续几次，直到抽筋缓解为止。

上臂抽筋：将抽筋手握拳，并尽量屈肘，然后用力伸直，反复数次，直到抽筋缓解。

腹肌抽筋：此种情况较少见，但危险性极高，应立即呼救，做收腹挺胸动作，尽快上岸。

通过上述方法仍不能缓解者，应一面呼救，一面用未抽筋的肢体做打水动作游到岸边，上岸后及时擦干身体，穿好衣物再进行按摩处理。

第二节　桨板

一、立桨板活动特性

立桨板（SUP），即站在冲浪板上使用一支长桨划水移动，如同用竹竿划竹筏，像冲浪板，又像划船。可以在有白浪的激流、海滨、湖泊及静水河流上活动，是热门的新兴运动游憩项目。

在海岸沙滩旅游区，立桨板比较适合冲浪爱好者，立桨板比冲浪板多了一根桨，更方便冲浪手捕捉到适合的海浪，也利于观察远处即将到来的涌浪，更有助于冲浪手保持站立平衡。在离岸不远的浅海区，立桨板虽不追逐大浪，但随着浪潮移动起伏，冲浪手能体验与冲浪不同的乐趣。

在淡水激流，表面浪的规模不能与海浪相比，但是河流里的多种紊流、漩涡需要冲浪者具备更精细的技巧，保持站立平衡。对于一般大众，新手入门多从湖泊、静水河流上开始站立平衡的练习，然后再练习速度与障碍转弯技巧。

立桨板适合不同年龄层的多种兴趣需求，设备价格也更为平民化。长度一般在 3 ~ 4m。板越大，浮力越强，站立越稳。板越尖细，速度越快，但是转弯不便。技巧熟练后，可换短小圆头的短板，动作更为灵活。

二、立桨板设备需求

由于立桨板失去平衡落水的概率很高，因此参与者必须穿着救生衣。在湖泊或深水海域划行时最好还要系上脚环与脚绳，便于落水后拉回自己的浪板。初学者立桨板宜选较宽的板，熟练之后再选取较窄的板。

SUP 浪板与一般冲浪板类似，大多采用玻璃纤维、聚酯等材料制作，制作有些使用环氧树脂泡沫板（浮力大、经济、易折断）。

竞赛 SUP（Race），板身细长，使用坚韧弹性好的碳纤维，适用于静水短距离竞速冲刺。

静水 SUP（Cruiser），尖头方尾，板身长，适合大水域长距离巡航，转弯也比较灵活。

圆头 SUP（All Round），前后圆头，板身较长，适合初学者，且适用于各种环境。

休闲 SUP（Explore），前后圆尖，板身中宽，行驶稳定，适合瑜伽、钓鱼、摄影等多种用途。

激流 SUP（Whitewater），前后圆宽，板身中短，耐撞击，适合激流中多礁岩的环境。

冲浪 SUP（Surf），尖头方尾，板身短，适合在大海中进行冲浪运动。

充气 SUP（Inflatable），材料采用坚韧尼龙布或合成橡胶，胶垫坚韧浮力大，便于收存与搬运，普及度日益提高。

其他还有花式表演板（Pro Performance）、综合创新板（Innovation）、儿童板（Kids）、风帆板（WindSUP）等多种样式。有些 SUP 浪板长度为 3 ~ 4m，板的正面会设计浅凹壳（利于站立稳定、加大浮力），或者有防滑橡皮垫，类似冲浪板有 1 ~ 3 个尾舵。

SUP 站立桨（Board）：长度与划浪者身高相当的长桨，一端为桨叶，另一端为握把。桨叶大多为合成塑料或橡胶制成，耐撞击。桨柄通常由铝合金或合成塑料制成。桨叶也根据海浪、河浪、静水或竞速环境与目的不同，设计不相同的款式。①

三、立桨板行动准则

近海的立桨板动作与冲浪类似，有划水出海、水面上越浪、翻转追浪、驾浪平衡、返回沙滩几个动作。

非专业的游憩立桨板，上手容易，只要穿好救生衣背心，安全性很高。

在激流河川里使用立桨板，最好戴上安全头盔，以免头部意外碰撞岩石。而

① 朱江华，刘勇 . 桨板运动 [M]. 上海：东华大学出版社，2024.

且要确认最小水深有 1m 以上，浪板及尾舵才不易被撞坏。

近海的立桨板与其他同水域活动者（冲浪、游泳、船舶）要保持 4 ~ 6m 的距离，避免互相干扰或意外伤害。

在湖海等大面积的水域，必须系好安全脚绳，落水时才能抓回浪板。

四、立桨板规划准则

可以冲浪的海域也都适合立桨板活动，两者的冲突干扰不大。但是立桨板也常在浅海区活动，应与游泳、潜水区分开，避免冲突干扰。

静水水域（湖、河、平静海湾），立桨板可与非比赛中的划艇、赛艇、竹筏共享水域。但是赛艇速度较快，宜保持距离。

旅游主管部门可以调查区内最适宜立桨板活动的资源以及危险的水域，划设安全的活动场域，警示有暗流暗礁的危险水域。

第三节　龙舟

一、项目介绍

龙舟运动是由众多划手依靠单片桨叶的集体划动作为推进方式，使船只前进的一项水上运动。中国龙舟协会的标准比赛龙舟配备有龙头、龙尾、鼓（鼓手）、舵（舵手）。根据不同区域的不同民俗，龙舟造型在头尾设计方面分为凤舟、象牙舟、龟舟、虎头舟、牛头舟、天鹅舟、蛇舟等。

二、计划与准备

（一）活动师资要求

有足够的航海实践或龙舟运动经验，对于将要开展的训练或活动所涉及的领域有足够的了解。

受过龙舟培训，懂得选择活动水域、活动天气、活动人员，并懂得急救措施，特别是处理一般翻船事件的应急措施。

具有中国龙舟协会颁发的龙舟教练员证书。

（二）计划内容

确保参与者身体健康，会游泳，在没有辅助救生设备的情况下能穿着比赛服装游泳 100m 以上。

直道环绕要配备至少 1 条救护艇，救护艇上配备救护人员 1 ~ 2 人，船上还应备有拖绳和竹竿。

拟定的路线应在各参加者的能力范围之内。教练应确保所有参与者有足够经验应对活动时天气变化和水上情况。

对参与者进行健康检查。有心脏病、高血压、传染病、癫痫病等疾病的人一律不能上船。

提前勘察活动区域的水情、地形，并准备好救护工具。

（三）活动准备

任何时间均应穿戴国家认可的救生衣。

符合安全标准、安全性能良好的龙舟，必须达到下列标准（专指木制龙舟）：①龙舟灌满水（与水面持平）能浮于水面不下沉。② 22 名队员坐在灌满水的龙舟上后下沉水位不超过颈部。

（四）比赛注意事项

各队队员服装颜色、式样必须整齐一致，上衣背后有本队的字样或标志。

比赛时佩戴统一的头饰。

因天气原因，队员在比赛服装外可加透明风雨衣。

若有必要，大会可为各队队员提供参赛号码布，队员则按报名表登记的号码佩戴在上衣背后。①

三、活动注意事项

龙舟活动开展的场所多为风浪大、水流急、漩涡多、易翻船的水域。在龙舟教学过程中，教练必须有高度的安全观念，备课时要充分考虑安全措施，并在活动时认真落实，从而避免事故发生。

尊重裁判，尊重对手，不得有任何不文明行为。

不得对他人使用威胁、辱骂性的语言或手势。

① 刘长青 . 龙舟运动技术与训练 [M]. 哈尔滨：哈尔滨工业大学出版社，2019.

不得故意损毁龙舟及其他器材。

训练中各龙舟应按逆时针方向航行，当两条龙舟航向交叉时，左边的龙舟应给右边的龙舟让出航道。避让时，可采用改变航向、停桨压水等方式。超越的龙舟应从右侧超越并与被超越的龙舟保持 5m 的间距，决不允许从被超越龙舟的前方越过。

应穿着适当的衣物和帆布鞋，不宜穿着拖鞋或任何笨重的靴子。

提醒学员不要夸大自己的技巧或经验。

采用简单的信号系统，确保所有学员均明白并懂得辨别。

切勿航行到筋疲力尽的程度。

寒冷天气应穿上紧身潜水衣；炎热天气则需慎防中暑。

如龙舟倾覆，除非正在漂向危险的障碍物，否则不得弃舟，应立即采取应对措施。

如果训练中遇到风浪，要保持镇静，不要惊慌，不要站立。

四、教练注意事项

教导学员有关的安全守则，并演示应对覆舟的技巧和救生程序。

注意活动范围内的空气污染指数。

提醒学员切勿独自上龙舟。

熟悉活动范围内的水流、潮汐、天气情况和有潜在危险的区域。

每 1 名教练不应督导超过 1 条船。

禁止不宜游泳的学员下水。

检查水域内水的深浅并标识出来。

活动过程中要随时关注学员的健康状况。

五、学员注意事项

必须严守纪律。

不在水边奔跑，不在水中或水面嬉戏。

落水时的应对措施：①保持冷静，不要惊慌，保留体力。②尽量踏水或仰浮于水面。③单手举起并高声呼救。

第四节　皮划艇与划艇

一、项目介绍

划艇运动起源于原始社会中人类渔猎和运输的生产实践过程中。近代皮划艇的产生则与16世纪人类的探险活动有关，其有静水项目和激流项目之分。在天然或人工湖面进行的比赛，称静水项目，水面宽90m以上，长2200m，设9条航道，道宽5 ~ 9m，用穿有塑料浮球的钢索划分；在水流湍急的河道进行的比赛，则称激流项目。运动员必须在指定的航道内完成赛程，以艇首到达终点的先后顺序决定名次。

二、计划与准备

（一）活动师资要求

拥有皮划艇和划艇实践或运动经验，对于将要开展的训练或活动所涉及的领域有足够的了解。

曾受过皮划艇和划艇培训，并了解活动水域的情况、气象知识和具有危险的地方；懂得急救措施，特别是处理一般翻船的应急措施。

具有划艇或皮划艇教练员证书，证书由中国航海协会颁发。

（二）计划内容

学员在参加皮划艇和划艇活动之前，应通过以下测验：①穿着轻便衣服和帆布鞋，游泳距离超过50m。②选择任何泳姿，游泳距离超过100m。③从水面潜入到水中，可潜泳5m。④在深水中能脱去除泳衣和泳裤以外的所有衣物。

在进行水面练习的时候，应至少有1名可进行水上援助的人员在旁陪同，担任助手工作。

在活动出发之前，应举办一次说明会。所有参加者（含教练），必须明确自己的职责，掌握在遇到紧急事故时应采取的措施。

拟定的路线不可超出各参加者的能力范围，确保所有参加者的现有经验足以应付天气变化和水上情况。

协调车辆运输。

带齐急救箱、口哨、工具修补箱、后备划桨、拖索以及耐寒胶袋。

每只艇本身应该具有足够大的浮力，或装配一套独立的救生设备，确保即使遇上艇倾覆的情况时，艇和学员均能浮于水面。

在使用前必须进行仔细检查，确认所用艇、救生衣、划桨和其他所需的装备状况良好。

如水面有风浪，座舱可使用防浪裙，但防浪裙应易于脱去。初学者不宜使用。

应告知参加者有关的安全守则，并且演示覆舟时的应对技巧和救生程序。

（三）活动前准备

购买船艇险，涉及的船艇类型有花式独木舟、激流独木舟、海洋独木舟、充气式独木舟、平台式独木舟和湖泊独木舟。

备齐潜水用具，包括桨、头盔、鼻夹、潜水衣材质的长裤、防水裙、防滑鞋等。

准备好急救用品，包括符合国家标准的救生衣、身份证、学员证或紧急联系卡、急救药品、哨子等。①

三、活动注意事项

活动期间要穿着适当的衣物和轻便的鞋子，且必须穿戴好救生装备。

应采用简单的信号系统，并进行培训，确保所有学员熟练掌握。

携带后备划桨，确保有救生艇随队出发。

不要在繁忙的水域内进行活动，并且严格遵守为防止船只相撞而制定的各项规则。

如果船艇倾覆，应立即采取紧急措施，除非存在危险因素（如正在漂向障碍物），否则学员不可舍弃船只，自行离开。

不可超出船艇的承载能力。

控制航行距离以及强度，不要达到筋疲力尽的程度。

天黑后，切勿继续划艇。

① 赵云雷，姜小丽．皮划艇运动教学与训练 [M]. 长春：吉林大学出版社，2020.

遇上风势强劲或水流湍急的情况，不要离岸太远；若已经出航，要及时调整航向，顺风势或水势划桨前进，到达安全的口岸后立即上岸。

初学者经验不足，切记不可在吹离岸风的情况下航行。

注意天气变化，在炎热的天气下应防止中暑，在寒冷的天气下应穿上紧身潜水衣用以保暖。

初学者人数超过总人数的 1/3 时，严格禁止队伍远行。

担任留守工作的人员，不仅要熟知活动水域及计划，而且要责任心强。

制订的行程计划要严谨周详，并提前告知随行队员，让队员有充足的时间彻底了解。

出发前要仔细检查，确保装备完整、食品充足、急救设备齐全。

无论是在活动之前，还是在进入水域之后，都要随时注意自然环境变化和气象变化。

当面临压力（如危机或疲劳等）时，要密切关注自己和队友的心理变化，并想办法及时调节，保持情绪平稳。

四、教练注意事项

提醒学员切勿独自航行。

熟悉活动范围内的水流、潮汐、天气情况和危险的地段，并选择富有经验及责任感的领队同行。

应告知学员有关的安全守则，并演示应对翻艇的技巧和救生程序。

注意活动范围内的空气污染指数。

每一名教练或导师不应督导超过 6 艘船。

确保学员在未获得批准前不会擅自下水，确认活动课结束后全体学员均离开水域。

提醒学员不要夸大自己的技巧或经验。

根据当天气象、水流的状况判断可否下水。

观察并判断安全航道，分辨路线，指出潜在危险并引导队员闪避。

选择队员能力范围内的航道，筛选参与航行的人员，避免个别人员拖累整个行程。

决定在何地上岸、下划、边绕、休息。

负责航行前的编组任务，让新老队员相互照应。

每次停留或出发前都要清点人数，应注意队员的航行状况和体能状态。

检查队员有无携带备用桨等救生装备。

负责航程中队员的安全及救援工作。

预先指定撤退路线及备用计划，并合理地控制活动时间。

五、学员注意事项

严守纪律及船只的操作守则。

下水前必须穿好救生衣并检查船体和设备。

应采取“伙伴制”，互相照应，如有意外发生，须立即向教练报告。

留意警告旗号或告示板上的警告。

在下水前，应告诉同伴自己的活动区域，以便他们留意你的安全。

应先在泳池内学好泳术后再上划艇。切勿假装遇溺。

落水时的注意事项：①不要惊慌失措，保持头脑冷静，保存体力。②尽量踏水或仰浮在水面。③单手举起并高声呼救。④尽量游到艇上，如艇颠覆应游到艇边把扶。

六、如何应对意外事件

（一）人船救援措施

倒卷吸住自救：适用于水较浅时，翻船后迅速脱离艇身，将划桨推入水底，利用水的浮力将自己拉出。

抛绳救援：同行者向遇溺人员头部上方投扔抛绳，将其拉出水面。

（二）被石头卡住的应对措施

左右摇晃艇体，注意控制力度的大小和均衡性。

寻找着力点，用力顶划桨。

请队友掷出抛绳，将自己带出。

（三）落水时的应对措施

岸边对水域救人：①借助人、大树、巨石等将抛绳的一端固定住，拉着抛绳的另一端跳入水中救人。②在外部条件允许的情况下，可将绳抛向落水者头部正上方，让他套住自己，拉其上岸。

水域救人：①划船艇向落水者靠近，让他抓住船艇的尾部顺着水流漂至岸边。②在划船艇靠近落水者后，将抛绳的一端固定在落水者身上，迅速划船靠岸，再拉抛绳让其自然靠岸。

（四）自救措施

抱住水中的大石块。

牢牢抓好船艇或趴在船上随船艇一起漂浮。

若水流不湍急且游泳技术高超，可选择安全点上岸。

第五节　漂流

一、项目介绍

漂流是一项具有广泛群众基础的水上活动，可以分为探险漂流、自然漂流和操控漂流三大类。其中探险漂流的重点在于探险，危险性较高，一般人员不适合参与。自然漂流与操控漂流从狭义方面看，更倾向于一种群众性的水上娱乐项目，不仅组织纪律严密、安全措施严格，而且选择漂流工具及河道的方法也严谨科学，也就是我们通常所说的漂流。

（一）自然漂流

自然漂流，一般在水浅且流速平缓的河道中进行，是指让漂流者在比较安全的水域自由自在地进行漂流活动。漂流组织者会提供活动必要的漂流艇、筏、桨等设备，同时在沿途各个要点进行监督和给予保护。

（二）操控漂流

操控漂流一般在水流较急且较深、地形复杂的高山河谷中进行，具有丰富经验的艇工对漂流的过程进行有效控制，漂流者在艇工的操控下漂完全程。操控漂流刺激且相对安全，因而受到人们的欢迎，逐渐成为一种主流形式。

（三）漂流探险难度的等级划分

第一级：水的流势缓慢平和的区域。

第二级：绝大部分水域水的流势缓慢平稳，会伴有轻微的波浪，波浪高度为1m左右。

第三级：波浪出现得较为频繁，高度1.5 ~ 2m，具有一定漂流经验的人依然可以控制好方向。

第四级：途中需要避过较大的障碍物，波浪高度3m左右，对于有漂流经验的人操作起来也会比较困难。

第五级：途中有很难逾越的障碍物，浪高超过3m，仅具有丰富漂流经验的人才能够参与。

二、计划与准备

（一）活动师资要求

拥有足够的漂流经验，熟知即将开展的训练或活动相关的领域；掌握各项急救措施，特别是处理一般翻船的应急措施。

对漂流水域的暗礁、漩涡、水流等情况有一定的研究，能运用经验选择正确水道。

具有中国红十字会颁发的救护员证以上资质或职业医护人员方可进行医疗救护。

（二）计划内容

每1名教练或导师不应督导超过5只橡皮艇。

参加非旅游性漂流活动前，学员应通过下列测验：①穿着帆布鞋和轻便的衣服游50m以上。②踏水1分钟。③能在深水中脱去身上所有衣物（不包括泳衣、泳裤）。④以任何泳姿游100m以上。⑤由水面潜入水中，潜泳5m。

任何时间均应穿着认可的（符合国家相关标准）救生衣。

每只橡皮艇本身应具有足够的浮力，或装配独立的浮力设备，即使倾覆时，仍足以使橡皮艇和学员浮在水面之上。

在使用前必须进行仔细检查，确认所用艇、救生衣、划桨和其他所需的装备状况良好。

应穿着适当的衣服和鞋，不宜穿着拖鞋或笨重的靴子。

在未开发自然水域进行漂流活动时，必须取得当地管理部门的许可。

在活动前为所有人购买相关的户外活动保险。

在出发之前应举办一次说明会。所有参加者（含教练），必须明确自己的职责，掌握在遇到紧急事故时应采取的措施。

应告知参加者有关的安全守则，并演示应对覆舟的技巧和救生程序。

拟定的路线不可超出各参加者的能力范围，教练应确保所有参加者的现有经验足以应付入水后的突发状况。

（三）活动准备

活动前需准备好救生衣、换洗衣物、头盔、修理箱、空气泵和安全绳等。①

三、活动注意事项

患有严重的心脏病、精神病、高血压、高度近视等疾病的人员不宜参与此类活动。

漂流者在整个漂流过程中要听从操船者的安排。

漂流者在漂流途中未经许可不得离艇下水。

救生设施能保证漂流者在落水后不溺水并且保护身体的重要部位，因而漂流前一定要将头盔、救生衣、漂流鞋穿好戴牢，中途不得松开甚至解下。

在漂流时注意沿途的箭头标识与标语，通过它们，可以找到主水道并提早觉察跌水区。

遇激流和暗礁时，手臂和脚应适当用力，分散股部重力，提防碰伤。

在整个漂流过程中不可做危险动作，认真听从操船者指挥，遇到激流时紧紧抓牢安全绳，身体向船体中央倾斜。

遇上湍急水流时，艇具应与艇身保持平衡，艇内人员要牢牢抓好艇身内侧的扶手带，保证艇身平衡并与河道平行，顺流而下。

四、教练注意事项

出发前应注意天气变化，天气不佳的情况下应取消活动；若活动已展开，则

① 邹巍.休闲体育理论透析及其产业化发展与运作研究[M].长春：吉林出版集团股份有限公司，2023.

应划向最近的安全地点登陆。

了解水流、暗礁、漩涡及易发生危险的区域，选择相对安全的航道。

随时注意学员的情况，规定学员活动范围。

经常清点学员的人数。

禁止学员在不宜游泳的地方下水。

确保学员在未获得批准前不擅自下水；确保活动结束后全体学员均将活动器材交回。

提醒学员在漂流过程中注意沿途的箭头标识及标语。

提醒学员切勿独自漂流。

带齐急救箱、修补工具箱、哨子、备用划桨、耐寒胶袋和拖索等物品。

五、学员注意事项

必须全程穿着救生衣。

不夸大自己的技巧或经验。

采用简单的通信方式，确保其他同伴明白并且懂得辨别。

在炎热的天气下，应慎防中暑。

如船倾覆，应马上采取紧急措施，除非存在危险因素如正在漂向障碍物，否则不可舍弃船只，自行离开。

不随便下船、不互相打闹、不主动去抓水中的漂浮物和岸边的草木。

一旦翻船应立刻憋气，小心呛水。

漂流跌水区及大落差区多的水域，不要携带过多物品，以免掉落或损坏。戴眼镜的学员要用皮筋将眼镜固定。

翻船后应立即吹响救生衣上的求救口哨，寻找救护人员并更换漂流艇。

不得随便下船游泳，不得远离船体独自行动。

出发时，携带一套干净的衣物，以备更换。

六、如何应对意外事件

（一）险滩

在两岸靠边或者水稍浅的地方，河水因为流动受阻而降低流速，导致中间的水流速度更快，从而形成激流。面对激流时，应迅速判断一下顺流而下的大致方向，然后全员收桨并俯低身体以稳住艇身重心，同时双手牢牢抓好艇沿上的护绳。

（二）漩涡

在河道水流较深时，会容易出现漩涡，应尽可能绕行以免被卷入；如果没有躲避成功，就让船艇顺着洄流自然旋转，待转至漩涡的外围时，再全力向外划桨，就可以冲出困境。

（三）冲撞

漂流过程中必须恪守保持平稳、避免冲撞的原则。当实在没有办法避开时，要控制好角度用艇身正面迎撞（用侧面碰撞易导致翻艇），艇上所有人员都要牢牢抓好绳索。在冲撞结束后，艇身会与岸边趋于平行，同侧的队员要注意收脚以免夹伤。两艇在运行中靠得过近时，双方要相互配合往反方向划桨或抵开艇身以避免冲撞。

（四）搁浅

搁浅较容易出现在石头密集之处，此处水道变窄、水深变浅、水流变急。此时可以用划桨抵住大石，用力使艇身离开搁浅处。若这种方法不起作用，则需要安排手疾眼快的人员下水，采用从旁侧或推或拉的方式，让艇身重新进入水流。

（五）落水

在不小心掉落水中后，不要惊慌失措，救生衣具备足够大的浮力将人托浮在水面上，艇上同行者应当及时伸出划桨以便让落水者攀抓；若落水点距离艇身较远，要想办法上岸或者停留在石头背水面（在迎水面水流湍急且易被橡皮艇撞伤），等待救援人员。

（六）翻船

在水流湍急的区域特别容易发生翻船事故，多由大的漩涡、波浪、单侧的波涛、障碍物（如石头和倒下的枯树等）以及落水者而造成的橡皮艇重心不稳所引发。在翻船后应保持镇定不慌乱，救生衣具备足够大的浮力将人托浮在水面上，如果可以确定不会陷入船与石块之间的逆流中，应尽可能地浮在水面上，也可上岸避开这一段急流水域，特别要记得检查一下船只，确保没有人被困在下方。

（七）气室破裂

如遇气室破裂，应立刻调整艇上人员分布，避开破裂气室的位置，尽最大可能保持橡皮艇的平衡，然后靠岸等待救援人员。

（八）河流中存在的危险

逆流：当水流突然遇到障碍物时，会向后回旋，导致水的表面形成逆流，它能够抓住波浪与跌水之间的任何漂浮物体。如遇这种情况，落水者应及时脱掉救生衣以减小浮力，从水流的底部和侧面赶上顺流。

寒冷：寒冷会很快地夺去落水者的能量和自救能力。

滤网：灌木丛、倒下的树木、成堆的木材、桥桩或其他漂浮的障碍物都能打翻一只橡皮艇。

高水位：当水流量增大时，救援的危险和难度会大幅增加。

第六节　潜水

一、项目介绍

从古时候的“扎猛子”到当下的现代潜水，潜水运动在全世界范围内蓬勃发展。潜水活动可分为浮潜与给气潜水两大类。浮浅又细分为浮游和屏气潜水，给气潜水又细分为自给气潜水和供气潜水。

浮游：只浮在水面不潜入水中的活动。

屏气潜水：憋住呼吸期间潜入水中的活动。

自给气潜水：又称水肺潜水，潜水者自己携带水下呼吸系统进行的活动。

供气潜水：又称水面供气潜水，是潜水者在水下活动期间，依靠一条送气管从水面获得氧气的活动。

近年来，水面供气潜水活动十分盛行，世界各个有名的海岸度假区域都开设了这种潜水方式供游客体验水中乐趣。

二、计划与准备

（一）活动师资要求

具有中国潜水协会认可的潜水星级（教练级）资格。

具有国家体育总局相关部门认可的潜水教练员资格。

（二）计划内容

选择的活动机构必须符合《中华人民共和国商业潜水安全规程》的有关要求。

未成年者需家长或监护人同意，方可参加训练课程。

活动开展前应主动向专业人员询问活动水域的位置、气候、地形、海况等，并索取紧急联络电话，以备不时之需。

开始训练前，必须要求学员提供完整的体检报告。不适合参加训练者，需经具备潜水专门知识的医生许可后才能参加训练。

参加训练前，教练必须要求学员填写同意书。有下述病史者不宜潜水：①曾有肺部受伤病史，尤其是自发性气胸者。②曾接受过眼角膜手术或中耳手术。③曾有红细胞病变史，如镰刀型细胞贫血症。④患有严重哮喘或严重肺部阻塞性疾病（如慢性肺气肿）。⑤患有肺部水泡病或肺泡有先天性憩室。⑥有癫痫或抽筋病史及精神疾病。⑦经常性的晕倒而原因不明。⑧曾有心肌梗死或患有心脏冠状动脉疾病（如心绞痛）。⑨患有胰岛素依赖型糖尿病。

水中无法进行会话，信息的传达只能依靠手势，下潜之前有必要相互确认、统一手势。

授课教练与学员的比例为 1 ： 10，如需增加学员人数，则须依据中国潜水协会规定执行。教练与学员的最低比例适用于水环境良好的情况，如有安全隐患，则按需增加教练人数。

在活动前为所有人员购买相关的保险。

参加潜水活动前，学员应通过下列测验：①踏水 1 分钟。②可在深水中脱去身上所有衣物（不包括泳衣、泳裤）。③以任何泳姿游 100m 以上。④由水面潜入水中，潜泳 5m。

训练和活动的目的是传授学员潜水的知识与技能。授课时必须使用中国潜水协会所认可的教材和讲义。

（三）活动准备

准备好面镜、呼吸管、脚蹼、潜水靴（视需要而定）、潜水衣（视温度、安全而定）、配重带（视潜水衣而定）、浮力调整器（BC）或救生衣、调节器（附气压表、备用二级调节器）、深度表、潜水表、指北针、潜水刀、减压表、潜水日志、手套、气瓶等。

三、活动注意事项

在潜水之前，不可进食如豆类、卷心菜类易发酵的食品，不可饮用如汽水、啤酒、可乐类含有碳酸的饮料，不可嚼食口香糖。

了解并掌握如何在水中进行通信。

使用洁净的空气，注意正确搬运和保养高压气瓶。

携带急救用品。

遵守二人同行制。

勿使用耳塞，可使用高速耳压法来缓解水压带来的刺痛。

下水前一定要将面罩内的水除尽。

不要做大幅度的动作。

完全离水（上岸）后才脱下脚蹼、面罩、呼吸管。

每下潜 10m 就必须检查水中残压计。

远离珊瑚礁区域下锚。

掌握正确的浮力控制方法。

在海底潜游时避免搅动沉积物。

切勿尝试挤过狭小的地方。

缚紧附加的设备以防止其拖曳。

不要用渔枪猎鱼。

一旦被浮游物缠住，切勿强行挣脱。

不要拿走活的贝类动物或收集空贝壳。

不要触摸海洋生物，以免引起一些有攻击性动物的反击。

切勿弃置胶袋，注意环保。

开放水域水肺潜水训练时的气压限制：① 6m 以内，气瓶压力余压达 30kg/cm^2 之前，必须上升至水面。② 6m 以上，须在余压达 50kg/cm^2 之前上升至水面。[①]

四、教练注意事项

经常清点学员的人数，尤其是在下水前和浮出水面后。

禁止学员在不宜游泳或潜水的地方下水。

在上课或训练前查看天气情况。

确保学员在未获得批准前不会擅自下水；确保活动结束后全体学员均把器材交回。

检查潜水水域内的水深、水流和潜在危险。

潜水前检查每名学员的装备是否完好。

只允许身体及精神状况良好的学员进行下潜行为。

在下潜之前，需要对当时的环境进行评估，若不宜做潜水活动应予取消。

认真遵守潜水领队者在潜水前下发的指令。

在每次进行潜水活动时，应随身携带浮泡，同时在水面设置清晰易辨认的潜水旗和浮标，提醒驾船人员远离这片区域。

严守潜水安全原则，绝对不能超越计划中规定的潜水深度。

随身携带急救用品及查询潜水地点的医疗设施。

五、学员注意事项

衡量自己的能力（本身和装备）并相互检查自己的装备是否正常。

---

① 罗壮 . 华南沿海地区户外运动特点与防护方法 [M]. 沈阳：东北大学出版社，2020.

不随意拔出潜水刀。

采取“伙伴制”，互相照应，遇有意外发生，立即向教练报告。

两人从入水到上岸，都必须一起行动，不可任由同伴独自上岸。

游在前方者，须常回头查看同伴的状况，并放慢速度；游在后方者，要保持在同伴的斜后方。

不在船上或水下嬉戏。

不在没有教练员当值水域潜水；不在污浊的水中潜水。

未经正式训练，不使用潜水面罩、吸气管或其他潜水用具。

留意警示标志或告示板上的警告。

水肺潜水过程中不要屏气，应保持普通、正常的呼吸。

遵守潜水深度限制，尽量避免深度超过 18m，绝不可超过 30m。上升过程要缓慢，速度不能超过 18m/min。

浮潜戏水时，记得每隔 3 ～ 5 分钟抬头注意一下周围环境。

受伤、疲劳或身体不适时赶快离水上岸。

六、如何应对意外事件

（一）抽筋

一旦出现抽筋，千万不要慌乱，根据抽筋部位的不同，采取相对应的措施。

手指抽筋：应将手握成拳状，再用力张开，如此反复直到缓解为止。

小腿抽筋：应先吸足一口长气，仰卧于水面，用手扳住足趾，同时小腿用力向前伸蹬，让收缩的肌肉得以松弛。

脚趾抽筋：应迅速将腿屈起，用力将足趾拉开并扳直。

（二）恶心和呕吐

此时应赶快上岸，同时用手指压中脘穴、内关穴。如果有人丹，可含上 1 粒。为预防肠炎，还可吃少量生蒜。

（三）头痛

头痛可能是由某种原因引起的供血不足，例如身体寒冷、呛水、慢性鼻炎、暂时性脑血管痉挛等。此时应迅速到达岸上，用大拇指按揉太阳穴、百会穴、列缺穴数分钟，结束后用热毛巾敷于额头，饮用 1 杯热开水，即可好转。

（四）耳痛和耳鸣

导致耳痛和耳鸣的原因可能是耳朵里灌水或鼻子呛水，排水的方式有下列三种：①清理法。借助工具如消毒棉签，将水从耳道内吸出。②单足跳跃法。进水一侧耳向下，拉住耳垂，用同侧腿单足跳。③活动耳道法。用手指将耳道压紧堵严，左耳进水就把头歪向左边，然后手指迅速拿开。

（五）落单

此时应保持镇定，向上浮动几米寻找同伴；如果没有任何发现，就浮出水面，仔细观察水面的气泡；若超过 10 分钟后仍无发现，则应立即返回入水点。

第七章　空中户外运动项目

第一节　热气球

在人类亘古不变的梦想中，最不可磨灭的是对浩瀚蓝天的向往和对飞行的渴望。远古的人们在艺术、宗教和神话中不断渲染着这个艳丽而遥不可及的梦想。在我国三国时期，诸葛亮曾利用孔明灯绕过敌方传递军事情报。热气球的原理和孔明灯很相似，都是利用空气受热后产生升（浮）力的原理。

一、热气球运动的起源和发展

热气球运动起源于 18 世纪初，法国造纸商蒙格鲁非兄弟因受碎纸屑在火炉中不断升起的启发，用纸袋聚集热气做实验，使纸袋能够随着气流不断上升。1783 年，他们制造出原始热气球，随后乘着它在巴黎上空飞行 25 分钟后安全着陆，是人类首次飞上蓝天的壮举。

二战以后，随着经济的发展、高新技术的应用、化学纤维的研发和丙烷气体的普及，热气球获得了迅速发展。由于热气球操作简单、安全可靠，很快便成为风靡全球的时尚运动。

1982 年 9 月，美国福布斯杂志社主编福布斯先生（M.L.Forbes）带着他的热气球访问了我国西安、洛阳和北京等地，在北京的八达岭长城脚下进行飞行表演。这是中华人民共和国成立后，在中国大陆上第一次进行热气球飞行。1983 年，我国首批热气球驾驶员开始飞行，我国的热气球运动便从此诞生。在此后，由我国自行设计、制造的 HGQ–1 和 RQ–1 型热气球试飞成功，经航空工业部和国家体委（现国家体育总局）两个部委批准定型。从此，我国具备了生产热气球的能力，有力地促进了这项运动的发展。

二、热气球的结构

热气球主要由球囊、燃烧器、吊篮三大部分及其他附件构成。

球囊是由色彩艳丽、耐高温（150℃）、高强度的尼龙或涤纶布缝制而成。标准的形状为水滴形，也可做成各式各样的异形球。

吊篮由藤条编制而成，以减缓着陆时与地面的撞击，主要用于装载飞行员、乘员、燃料瓶及设备。吊篮四角可放置 4 个热气球专用液化气瓶，吊篮内还装有温度表、高度表、升降表等飞行仪表。

燃烧器是把气瓶内的液态丙烷（或液化气）汽化后与空气混合形成可燃气体，充分燃烧后，将高热气流喷射进球囊，使其内部空气迅速加热升温，以产生升力。另外，热气球上有两个燃烧系统以防备空中出现的故障。

热气球内的附件主要有高度计、升降速度表和温度计等。高度计是高度指示计；升降速度表可显示上升和下降速度；温度计指示球囊内的空气温度。

三、热气球飞行原理及要求

（一）热气球飞行原理

热气球飞行的原理是热空气比冷空气轻，热空气会自动上升。通过燃烧器点火、熄火的间隔时间长短调整球囊内温度来控制热气球的上升和下降，利用不同高度层的风向来控制和调整自己的前进方向，热气球的飞行速度与所处高度层的风速一致。

（二）热气球飞行的气象标准

昼间飞行时，一般为风速≤ 6m/s，能见度≥ 1.5km，无降水；夜间系留飞行，用系留绳将热气球限定在距离地面一定高度和范围的飞行叫系留飞行。一般为风速≤ 3m/s，无降水。

（三）热气球飞行的场地要求

起飞和着陆的场地要平坦、开阔，面积不小于 40m × 40m；起飞或进场方向净空条件良好，无危及飞行安全的高压线、建筑等障碍物。

（四）热气球飞行安全程度

热气球的飞行驾驶简单易学，器材的性能安全可靠，一般人都能从事该项运动。只要按规定程序操作，飞行安全是有保证的。[①]

四、热气球赛事

现在国际上流行的热气球比赛主要有猎狗追兔、游荡“华尔兹”、肘形飞行、最小或最大飞行距离的比赛形式。

猎狗追兔比赛。兔球为大会指定的裁判气球，兔球起飞 10 ~ 20 分钟后，允许参赛球起飞，空中追逐兔球一段时间。兔球在自己降落点设置靶标，即为参赛球的飞行目标。

游荡“华尔兹”比赛。用华尔兹舞蹈步伐形容这个项目，大会同时指定几个目标，参赛球可选择任一目标或几个目标项目，以投标最近的目标成绩计分。

肘形飞行比赛。参赛球在同一地点起飞到规定距离（如 3 ~ 5km）后投一个标志，然后再飞一规定距离后投第二个标志。起点至第一个投标点的连线和再飞一规定距离后投第二个标志飞行中改变角度越大越好。

最小或最大飞行距离比赛。在规定的飞行时间后（如飞行 30 分钟）投标，距起飞点（或规定地点）越近越好。在相同地点起飞，在规定地域范围内，飞行距离越远越好。

第二节　跳伞

跳伞运动具有很高的观赏性和参与性，是利用巨大的伞衣承受空气阻力，减缓下降速度，从空中安全降落至地面的运动。人们一说到跳伞，给大多数人的第一印象就是伞兵从飞机上跳出机舱，打开一顶很大的白色圆形降落伞，白色的降落伞像花朵一样从天而降。

一、跳伞运动的起源和发展

人类第一个真正从天空跳伞成功的人是法国青年加勒林。1797 年 10 月 22 日，加勒林在巴黎乘一个巨大的热气球升至 100m 的天空。在引起人们的注意后，他砍断系绳，将气球放走。吊篮脱离气球后，朝地面急速坠落。游览的人们发出一

① 韩奇．户外运动的科学组织与开展研究 [M]. 北京：中国书籍出版社，2018.

片惊叫。正当人们为他的生命担忧之际，突然连在吊篮上的一块白色大帆布，在晴空中像蘑菇般张开，载着加勒林摇摇摆摆地落在地面，人类有史以来第一顶载人降落伞就此诞生了。

20世纪20年代，跳伞进入人们的体育生活，苏、美等一些国家开展了跳伞运动，意大利空军也开始大规模地研究跳伞技术。在加勒林伞的基础上，发展出方形伞，进而又出现了性能更稳定、操纵灵活的圆形伞、蝶形伞。跳伞运动作为一种国际性体育项目，是在1951年2月，国际航空联合会决定，将以降落伞为运载手段的跳伞列入航空体育比赛项目。这是世界跳伞史上的里程碑。跳伞活动的体育化，也促进了新型降落伞的研制开发。1971年，翼形降落伞在美国问世了。它的优异特性在气动力减速装置的各个领域大显身手，使跳伞运动有了质的飞跃。

我国民间跳伞运动开始于20世纪40年代初。中华人民共和国成立后，跳伞运动蓬勃发展，1964年8月，中国航空运动协会跳伞委员会成立，1978年10月21日，国际航联正式接纳中华人民共和国为会员国。从此，中国便开始参加国际航联组织的一系列世界性的比赛。经过几代人的共同努力，我国跳伞技术水平不断提高，在世界及国际重大比赛中取得优异成绩。

二、跳伞运动的分类

跳伞运动按载人器具分为包括从飞机、直升机、滑翔机、飞艇、气球等各种航空器上的跳伞和地面伞塔跳伞。国际上常分为伞塔跳伞、氢气球跳伞和飞机跳伞三种。其中飞机跳伞是我国开展跳伞运动的主要形式。飞机跳伞竞赛项目很多，国际上开展的项目有定点跳伞、特技跳伞、造型跳伞、踩伞造型跳伞和表演跳伞；此外，还有在7000m以上高度进行的高空跳伞，日落后1小时至日出前1小时内的夜间跳伞，在江、河、湖、海等水域进行的水上跳伞等。

（一）定点跳伞

定点跳伞属于飞机跳伞项目。跳伞员在规定高度跳离航空器，操纵降落伞在预定区域内着陆。跳伞高度不低于700m。跳伞时，地面设跳靶，为着陆区的标志。以跳伞员身体首先接触地面的一点至靶心最近边缘的距离测量，距靶心愈近，成绩愈好。踩中靶心为0m（俗称“踩点”）时，成绩最好。

（二）特技跳伞

特技跳伞属于飞机跳伞项目。跳伞员在跳离飞机后至打开降落伞前的自由坠落阶段，借助空气动力的作用，在空中完成规定特技动作的跳伞。跳伞高度为2200m。有4套规定动作，每套都由4个360° 盘旋和两个360° 后筋斗组成。比赛一般进行3 ~ 5轮，每跳一次做一套动作。裁判记录全套动作的完成时间（精确到1%秒），并对不标准的动作根据程度给予不同的“罚秒”。每次的成绩为完成动作的时间加“罚秒”。各轮成绩的总和为个人总成绩,时间少者为胜。特技记录成绩是准确完成一套规定动作的时间，不允许其中有不标准动作。

（三）造型跳伞

造型跳伞属于飞机跳伞项目。2名以上跳伞员，乘一架或数架飞机，于同一航线上跳下，在开伞前的自由坠落中，借助空气动力作用相互靠拢，彼此拉住手、臂或腿，组成各种规定图案。项目有10人竞速组星跳伞（原记录项目）、最大造型跳伞（记录项目）和连续造型跳伞（比赛、记录项目）等。

（四）踩伞造型跳伞

踩伞造型跳伞是一项极具观赏性与挑战性的极限运动。跳伞员们身着专业装备，从高空一跃而下。在自由落体阶段，他们凭借精湛技艺与默契配合，精准调整身体姿态与飞行轨迹。接近目标高度时，队员们通过巧妙操控伞具，相互靠近、精准对接，利用气流与伞的相互作用，搭建出如金字塔、花朵等绚丽且稳定的空中造型。整个过程惊险刺激，需要跳伞员具备超高的胆识、娴熟的技巧和强大的心理素质。

（五）表演跳伞

表演跳伞属于飞机跳伞表演项目。跳伞员使用各种结构独特、形状美丽、色彩鲜艳的降落伞进行跳伞。

（六）高空跳伞

高空跳伞属于飞机跳伞项目。其是指在7000m以上高度的跳伞。跳伞员事先经过气压舱训练，以适应高空气压变化。跳伞时佩戴氧气设备和气压自记器。有个人和集体、男子和女子之分。以运动员跳离飞机至打开降落伞之间的自由坠落距离计算成绩。个人高度记录是一名运动员一次跳伞自由坠落的距离（以米为单位）；集体高度记录是全组成员一次自由坠落的平均距离。一组至少 3 人。[①]

（七）夜间跳伞

夜间跳伞是一项高难度且极具挑战性的极限运动，对参与者要求严苛。参与人员必须持有相应资质与丰富跳伞经验，熟悉夜间环境特点。跳伞前，要严格检查装备，确保伞具、高度表、照明设备等性能完好。飞行过程中，参与人员需时刻保持高度专注，依靠照明设备与导航仪器判断方位和高度，要精准控制速度与方向，避开障碍物。同时，要与地面指挥保持紧密联系，听从指令。此外，参与人员要克服黑暗带来的心理压力，保持冷静，以应对可能出现的突发状况，保障自身安全。

（八）水上跳伞

水上跳伞属于飞机跳伞项目。其是指在江、河、湖、海、水库等水域上空进行的跳伞。跳伞员降落于水面上，故需穿救生背心，携带橡皮船。在水域上空做定点跳伞时，水面设浮靶，跳伞员触水后，以抓住浮靶的速度计算成绩，时间越短成绩越好。

三、跳伞运动的装备

（一）基本装备

背带，是和跳伞者的身体连接在一起的。

容器，放置主伞盖和备用伞盖。容器连接到背带上。

主伞盖，存放在容器中。通常先打开该伞盖。

备用伞盖，该伞盖与主伞盖类似，但是仅在主伞盖无法正常使用时才使用。

（二）其他装备

固定开伞索和挂钩（仅限固定开伞索跳伞）或主开伞索，用于打开主伞盖。

切断手柄，用于使主伞盖与跳伞人分离。只有主伞盖无法正常打开时，才使用该手柄。该手柄清除跳伞人上方的空间，使备用伞盖可以打开并保证不会与主伞盖缠绕。

备用手柄，用于打开备用伞盖。

---

① 李亚龙．现代休闲体育运动项目的科学训练指导 [M]. 北京：中国农业大学出版社，2017.

前后升降器，用于操纵伞盖。

自动激活设备，是一种大气压设备，不断分析周围的压力，确定高度以及下降的速度。当高度低于 300m、垂直速度超过 38m/s 时，该设备将激活，打开备用伞盖。

高度计，用于在跳伞时测量高度。

护头装置，用于在坚硬的地面上着陆时保护跳伞者的安全。要求坚固轻便，内部有缓冲点，为减少阻力，应具有流线外形，视野开阔，尺寸应与头型吻合。

四、跳伞运动的原理及要求

跳伞运动一般原理是利用空气阻力以减缓物体在空中的坠落速度，从而使跳伞者安全到达地面。跳伞运动的气象标准是云高不低于 700m，风速不大于 38m/s，能见度不小于 1.5km。跳伞运动的场地要求是降落场为半径 50m，周围无高山、树木、高压线和高大建筑物等障碍物。运动员进行跳伞时所使用的正品降落伞是经过严密技术检验的，非常安全。万一主伞无法打开时，还可借助救生用的备份伞安全降落，相当于双保险。所以，只要经过专业指导掌握了跳伞技术，跳伞就会变成相对简单。

第三节　滑翔伞

当跳伞爱好者在跳伞过程中体验自由落体的无限自由时，另外一些人希望通过更加简单的方式飞起来，滑翔伞的发明满足了他们的愿望。

一、滑翔伞运动的起源和发展

滑翔伞最早起源于阿尔卑斯山登山者的突发奇想。1978 年，居住在阿尔卑斯山脚下沙木尼小镇的法国登山家贝登，利用一顶方形降落伞从阿尔卑斯山上成功地飞降到山下。许多登山家纷纷效仿，并对降落伞进行进一步的改进，将降落伞与滑翔翼相结合，制造出利用山坡地形起飞，能够在空中自由翱翔的滑翔伞。1984 年以前，它还只是流行于少数登山者之间的冒险行动。直到 1984 年法国登山家菲隆（Roter Fillon）从勃朗峰上飞出，滑翔伞才在一夕之间声名大噪，迅速在世界各地风行起来。该项运动独特的刺激性，使它在欧美国家广泛普及，仅在欧洲，滑行伞飞行者就有数百万人，在我国，其也已成为广大航空爱好者向往、追求和迷恋的体育运动。

二、滑翔伞的分类

滑翔伞根据有无动力分为动力滑翔伞和无动力滑翔伞。动力滑翔伞是指滑翔伞与一台小型动力推进器相结合，构成的超轻型软件结构飞行器。动力滑翔伞运动是指人借助动力滑翔伞进行飞行的活动。

根据不同的使用目的和飞行员的技术水平，滑翔伞通常分为初、中、高三级。而有的厂家则更详细地分为训练、中级、运动、表演和竞赛五个级别。其中训练伞为初级，供初学者入门训练；中级和运动伞供初级飞行员提高飞行技术和中级以上飞行员进行休闲娱乐飞行；而表演和竞赛伞则主要供中级以上的飞行员提高飞行技术和进行比赛及长途越野飞行。

三、滑翔伞的结构

滑翔伞通常主要由翼形伞衣、伞绳、背带系统和操纵系统四大部分组成。

（一）翼形伞衣

翼形伞衣是滑翔伞的核心部分，它决定了滑翔伞的飞行性能和稳定性。

伞衣采用特殊材料制成，如高强度尼龙或聚酯纤维，以确保伞衣的耐用性和抗撕裂性。

伞衣的形状和面积经过精心设计，基于空气动力学原理，伞衣通过与空气的相对运动而产生足够的升力和空气动力学效率。

（二）伞绳

伞绳连接翼形伞衣与背带系统，是传递力量的关键部件，通常由多条高强度纤维绳组成，确保在飞行过程中能够承受各种动态负载。

伞绳的长度和布局经过优化，以提供最佳的飞行操控性和稳定性。

（三）背带系统

背带系统是飞行员与滑翔伞之间的连接点，负责支撑飞行员的体重并传递操控信号。

背带系统设计舒适且符合人体工程学，以确保飞行员在长时间飞行中的舒适性和稳定性。

背带系统通常配备有安全带和紧急释放装置，以提高飞行安全性。

（四）操纵系统

操纵系统允许飞行员通过手柄或绳索控制滑翔伞的飞行方向和速度。

通常包括前后方向的A组和B组控制绳，以及用于调整飞行姿态的刹车系统。

飞行员通过操纵这些控制绳，可以灵活调整滑翔伞的飞行轨迹和高度。

为便于滑翔伞的保管、携带与运输，每具滑翔伞还配有一只背式包装袋。这种包装袋通常采用轻便且耐用的材料制成，可方便地收纳滑翔伞的各个部件，并确保在运输过程中不被损坏。[①]

四、活动注意事项

起飞前必须检查所有伞具和装备，确保没有下述所有问题方可飞行，若发现问题应尽量排除，如不能消除危险，应立刻停飞。

仔细检查整个伞衣，确保无刺穿、撕裂、擦伤或未缝合的现象，检查时应特别关注伞衣下表面的前沿。

确保伞衣内没有砂石等杂物。

确保伞绳与操纵带件牢固连接。

确保所有的伞绳都无缠结或磨损现象，仔细除去任何可能导致悬挂绳黏附的物体。

确保操纵绳与套环连接结实，且能顺畅地通过导向环。

确保整个吊带系统无开线或磨损现象。

有六种情况不可进行飞行，简称为“六不飞”，即落单时不飞，在云雾中不飞，身体疲劳不飞，心情不稳定不飞，潜水活动后24小时内不飞，饮酒或服药后不飞。

头盔和护具是飞行中必不可少的，最佳选择是飞行专用的头盔和护具。

在一次飞行中，最多只允许增加一个新内容，如新的伞具或飞行场地等，切勿多加。

---

① 赵光德．户外运动的价值挖掘与科学开展研究[M]．哈尔滨：黑龙江大学出版社，2023.

未经教练的允许，任何人不可独自起飞。

副伞的使用高度必须高于 50m，否则将失效。

包括云雾天气和降雨天气在内的可见度较低的天气，因为不能清楚地确定起飞场与着陆场的位置，所以不可飞行。

飞行前必须制订详细的计划，内容应涵盖训练科目、航线、飞行的时间与高度等。

飞行前应仔细查看“飞行指南”，并严格按照其中的规定执行。

手机或对讲机等通信工具不可离开身边，并要保证其电量充足，能正常使用。

出发前应填写好个人信息卡，放入伞包的透明袋内。这些信息应包括姓名、年龄、血型、编号、伞形或人员编号、家庭住址、家人的联系方式、紧急联系人和紧急联系电话以及保险单号等。

如飞行地点选在山区或丘陵地区，应提前对该地区的天气变化做长时间的考察。考察天气时，应多关注云的高度与形状，以及风的方向与速度。

在选用滑翔伞时，一定要注意与自己的体重和技术相匹配，切不可选用装备缺失的伞具。

第四节　高空拓展

一、空中断桥

空中断桥由两块宽 30cm 的木板组成，两木块顶端间隔 1 ～ 1.8m，木板距地面高度为 8 ～ 9m。要求参赛者从一侧木板跃起，跨到另一侧木板上并返回。

项目目标：①不管前进有多么困难，也不要因恐惧而后退。②直面内心压力，坚定信心，提高对自己的控制力和决断力。③将断桥看作困难的标志，跨过它如同跨过人生的一道坎。④不是不能做，而是不敢做；不是能力问题，而是心理问题。⑤感受勇于进取、不安于平凡的拼搏精神。

项目人数：项目人数应控制在 20 人以内。

项目时间：项目时间控制在 120 分钟以内（包括 40 分钟的回顾总结）。

场地器材：包括全身式安全带 3 套，半身式安全带 1 套，主锁 6 把，钢锁 4

把，肩带 4 条，快挂 2 个，直径 10.5mm、长 30m 的动力绳 1 条，头盔 3 顶，保护器 1 个（建议使用“8”字环）。

操作及监控：①有三道检查工序，第一道是自我检查与相互检查；第二道是由教练再检查后放行；第三道是学员爬上断桥后，断桥上的教练在换保护的时候检查。②学员到断桥后必须服从教练的指导，不得擅自解开铁锁。③等学员完成挑战后，教练要告知其如何下降。④断桥距离的设定应从参与学员的身高、体重及其恐惧程度出发，应具有一定的难度，让学员感觉不容易达到，还要有一定的挑战性，即学员通过自身努力有能力通过。需要增加长度时，事先要让学员知道。⑤起跳时，学员应将用力的脚的前 1/3 伸出桥板边沿，然后抬起头。⑥当学员跨越失败，被吊在空中且学员的膝盖部位约与断桥木板同高时，教练应把断桥间距离调到最短，拉住学员的保护绳，抓住学员的安全带，让学员自己踩木板爬上来。注意自己不要被慌乱的学员抓住而摔下去。⑦断桥下等待的学员易出现疲劳、游离或涣散等情况，教练应告知队长规范好学员的纪律，特别要控制好学员，不要使其离开活动场地。

二、下降或悬降

让学员依靠专业的攀登下降器材，从 8 ~ 40m 的高空下落到地面的项目。

项目目标：①学习下降的技能。②克服恐惧，挑战自我，激发潜能。③培养团队精神与协作意识。

项目人数：项目人数应控制在 20 人以内。

项目时间：项目时间控制在 120 分钟以内（包括 40 分钟的回顾总结）。

场地器材：包括直径 10.5mm、长度 50m 的静力绳 2 条（其中 1 条做备用救援），坐式安全带至少 5 条，主锁和钢锁各 10 把（根据保护站的设立而定），头盔 3 顶，下降器 5 个（建议使用“8”字环），肩带若干条（根据保护站的设立而定），手套 6 双。

操作与监控：①教练要对学员穿戴的安全装备进行仔细检查。②注意学员在翻越桥栏时的安全。③下面的教练注意保护，提醒下降学员的动作，提醒学员小心脚下踩滑。④强调所有学员关注自己的队友。⑤提醒队长适当把胆小的学员安排在中间。⑥禁止心脏病、高血压、恐高症患者参加活动。⑦教练在布置场地时选好做保护点的位置，打双护，固定点一定要牢固。

三、天梯

将 6 根直径大于 20cm 的木桩梯子悬挂于 12m 高空，最下面一根与地面距离约为 1.2m，从下到上每两根木桩间的间距逐渐增大，参与人员被随机分为 2 人一组，相互配合，共同登顶。

项目目标：①学会与他人合作，达成合作的关键在于主动对其他学员友好地伸出你的手。②在合作中应快速明确你和别人的优势各是什么，并做到优势互补，强大你们的团队。③以相互帮助的形式来达到学员间的彼此了解与沟通。④明白设立合理目标与成功之间是密不可分的。⑤分享共同登顶后的喜悦。

项目人数：项目人数应控制在 20 人以内。

项目时间：项目时间控制在 120 分钟以内（包括 40 分钟的回顾总结）。

场地器材：包括直径 10.5mm、长 30m 的动力绳 2 条，坐式安全带至少 6 条，主锁 8 把，钢锁 4 把，头盔 4 顶，保护器 2 个（建议使用“8”字环），肩带 5 条。

操作及监控：①设备安全使用细则，仔细检查绳索有无损坏；检查安全帽有无损坏；学员安全带上必须挂两个主锁；保护绳禁止踩踏。②学员操作安全细则，每个学员攀登前必须经安全检查员和教练员检查；天梯下禁止站人；由教练负责保护，如需由学员保护，教练必须从旁指导。③在开展整个项目过程中，教练应注意做保护的学员的动作是否规范，随时随地提醒做保护的学员收紧绳子、注意保护动作要领；教练应站在两个保护学员的中间，关注整个保护过程。④攀爬第一层横木时，要求做保护的学员要万分注意，把保护绳收紧。⑤学员下降前，要求做保护的学员把绳收紧，待下面的学员把天梯推开后，再将上面的学员放下来。⑥严禁学员在攀爬时用手拉动力绳借力。⑦禁止心脏病、脑血管病、高血压患者参加。

四、毕业墙（逃生墙）

所有队员在不借助任何外界工具的情况下，全部翻过一面高达 4.2m 的光滑墙体，整个翻越过程只能运用翻越人员的身体，像衣服、皮带、绳子等这些物品均禁止使用。

项目目标：①将团队气氛推向高潮。②学会如何合理分配与运用人力资源。③开动脑筋去创新，前所未有的想法未必是坏想法。④培养重团结，重合作，携手面对困难的团队精神。

项目人数：项目人数应控制在 20 人以内。

项目时间：项目时间控制在 120 分钟以内（包括 40 分钟的回顾总结）。

场地器材：包括海绵垫 2 块，每块长 2m、宽 1.5m、厚 3m。

培训目标：①认识自我、战胜自我、激励自我。②鼓励他人，明白鼓励的重要性。③面对困难时的互助精神，培养团队意识。④克服心理恐惧，增强自信心。⑤提高控制与决断能力，感受换位思考。

操作及监控：①教练员做保护时要站位准确。②对未在安全事项中提及，但学员在项目实施过程中可能出现的危险行为进行监控。③注意下面的底座人员，提醒学员按时替换。④注意观察学员拉手的方法，提醒学员不能用脚去蹬墙面。⑤不允许教练员参与其中，包括充当倒挂者和最后一人。⑥告知所有学员，踏在其他学员身体上时，严禁向上跳跃。⑦在上最后一个人时要特别注意上面倒挂学员的姿势，注意保护。⑧禁止心脏病、脑血管病、高血压患者参加。

五、空中绳网

两块宽 5m 的绳网，每隔 1m 放置 1 个轮胎，使绳网离地高度为 8 ~ 9m，参加者须自一边跃起跨到另一边。

项目目标：①认识自我、战胜自我、激励自我。②面对困难时的互助精神，培养团队意识。③鼓励他人，明白鼓励的重要性。④克服心理恐惧，增强自信心。⑤提高控制与决断能力，感受换位思考。

项目人数：项目人数应控制在 20 人以内。

项目时间：项目时间控制在 120 分钟以内（包括 40 分钟的回顾总结）。

场地器材：包括直径 10.5mm、长 30m 的动力绳 1 条，坐式安全带至少 4 条，主锁 6 把，钢锁 4 把，头盔 4 顶，保护器 1 个（建议使用“8”字环），肩带 4 条。

操作及监控：①开始到结束都禁止拉动力绳。②避免绳网及轮胎同时晃动，这样会让学员不易控制和抓牢。③等待的学员会出现疲劳、游离或涣散等情况，教练应告知队长规范好学员的纪律，特别要告知学员不要离开活动场地。④提醒所有学员多关注自己的队友。⑤禁止心脏病、脑血管病、高血压患者参加。

六、高空平衡木

将一块宽 30cm、长 5m 的木板悬于距地面 8 ~ 9m 处，参加该项目的学员须从中心向两边移动，通过默契配合，碰到两边的铃铛。

项目目标：①无论后退是多么舒适，也不为舒适而后退。②克服心理压力，建立默契，增强自我控制与自我决断能力。③感受勇于进取、不安于现状的拼搏精神。

项目人数：项目人数应控制在20人以内。

项目时间：项目时间控制在120分钟以内（包括40分钟的回顾总结）。

场地器材：包括直径10.5mm、长30m的动力绳2条，全身安全带至少4条，主锁8把，钢锁4把，头盔4顶，保护器2个（建议使用“8”字环），肩带6条。

操作及监控：①高空平衡木相对其他高空项目比较危险，教练要对学员穿戴的安全装备进行仔细检查。②两名学员需要同时站到桥上并保持相对平衡，必须服从教练的指导。③可根据两名学员的身高、胖瘦、恐惧程度调整铃铛的位置，目的是要有一定的难度和挑战性，让学员感到困难，又有能力完成。④当学员失足被吊在空中，身体会与平衡木相撞，保护员应适当控制绳子的长度，要在关键时刻拉起学员的保护绳，让学员自己踩到木板。⑤下面的学员容易出现疲劳、涣散、游离等状况，教练应和队长强调纪律，约束学员，尤其不允许其跑到场地以外的地方。⑥禁止心脏病、脑血管病、高血压患者参加。①

七、空中抓杠

参加者站在7 ~ 9m高的柱子上，飞身一跃抓住前方1.1 ~ 2m处的单杠。

项目目标：①克服恐惧，勇往直前。②用积极的心态去争取和获得机会。③掌握目标管理与控制的成功经验。

项目人数：项目人数应控制在20人以内。

项目时间：项目时间控制在120分钟以内（包括40分钟的回顾总结）。

场地器材：包括直径10.5mm、长30m的动力绳1条，坐式安全带至少4条，主锁6把，钢锁4把，头盔4顶，保护器1个（建议使用“8”字环），肩带4条（用于保护员连接底锚使用）。

操作及监控：①整个过程禁止拉动力绳。②立柱的晃动会增加学员的紧张程度，应尽量放松。③下面的学员容易出现疲劳、涣散、游离等状况，教练应和队长强调纪律，约束学员，尤其不允许其跑到场地以外的地方。④帮助队长编排顺序，可以适当把胆小的学员调到中间。⑤强调学员多关注自己的队友。⑥禁止心

① 尹立波.休闲体育运动文化与实践[M].北京：新华出版社，2017.

脏病、脑血管病、高血压患者参加。

八、合力过桥

在距地面 8 ~ 9m 处设两条钢丝绳，两绳相距 1.2m，由两名参加者各站一条，合力走过长 8m 的钢丝绳。

项目目标：①克服心理压力，建立自信，增强自我控制和自我决断能力。②培养与同伴的默契。③感受来自队友的鼓励，培养协作的意识。

项目人数：项目人数应控制在 20 人以内。

项目时间：项目时间控制在 120 分钟以内（包括 40 分钟的回顾总结）。

场地器材：包括直径 10.5mm、长 30m 的动力绳 2 条，全身安全带 4 条，坐式安全带 2 条，主锁 6 把，钢锁 4 把，头盔 4 顶，保护器 2 个（建议使用“8”字环），肩带 4 条，滑轮 2 套。

操作与监控：①教练要对学员穿戴的安全装备进行仔细检查。②教练要注意保护，随时提醒学员注意安全。③提醒学员多关注自己的队友。④提醒队长把胆小的学员安排在中间。⑤禁止心脏病、脑血管病、高血压患者参加。

第三篇　户外运动与拓展训练

第八章　户外运动与拓展训练概述

第一节　户外运动与拓展训练的概念

一、户外运动的概念解析

户外运动是一种在“户外”环境中开展的“体育运动”。户外运动是体育运动的重要内容,“户外”作为定语说明和限制了体育运动参与的场地条件。户外运动有广义和狭义之分，具体概念解析如下。

（一）广义的户外运动

广义的户外运动是对户外所有体育运动的概括。作为与室内、与城市生活相对应的一种生活形态,“户外”的“运动”这一理解角度中对“运动”的界定非常宽泛，而且对户外运动的范围界定具有直观性。广义的户外运动是户外探险和挑战，更是使人在运动中放松身心、归于平静的运动生活理念。因此，广义的户外运动就是指在户外自然环境中开展的各种体育运动。

（二）狭义的户外运动

狭义的户外运动是一类专门性的特殊运动，具体是指通过运动者自身努力，克服了一定自然条件的局限性、制约性所完成的自然条件中开展的体育运动。

目前，社会大众所理解的户外运动是在户外开展的休闲、探险类体育活动，主要包括登山、攀岩、热气球、漂流、冲浪、滑雪等运动。

真正的户外运动开展时间比户外运动研究的时间要早很多。随着户外运动的发展，有很多学者开始专门就户外运动进行研究，但至今学术界关于户外运动的概念还没有统一的描述，不同的学者均从不同的研究角度提出自己对户外运动概念的理解与看法。

国外户外运动研究始于 20 世纪 60 年代末 70 年代初，在 SCI 中检索关键词，与户外运动概念界定相关文献 224 篇，文献中有户外运动相关词汇，如 Multi-sport（多项运动）、Outdoor Pursuits（户外活动）、Outdoor Adventure（户外探险）、Adventure Recreation（探险休闲）等，并没有户外运动的具体概念。

2003 年，中国国家体育总局登山运动管理中心主任李致新从运动场的角度对户外运动进行了研究，指出“户外运动是指在自然场地（非专用场地）开展的户外运动活动”。登山运动管理中心户外运动部主任李舒指出，户外运动是一组以自然环境为场地（非专用场地）的带有探险性质或体验探险的体育运动项目群。董范认为，户外运动是一组在自然环境为场地开展的具有探险性质或体验探险的体育运动项目链。孙永生、史登登等研究认为，户外运动是在自然环境或模拟自然环境中开展的与自然因素互动的非产生性人体活动。马欣详、田庄认为，户外运动是指人们在自然环境中开展的体育活动的统称。

从世界范围来看，当前国内外还没有一个确切统一的定义。因此，结合国内外有关专家的认识和见解，分析界定户外运动的概念只能尽量对户外运动进行特征的归纳，并以此来实现对户外运动的概念的界定。

综上分析，关于户外运动的概念界定，学者均认同概念描述中的如下几点：①运动环境，以自然环境为主要运动环境。②运动参与目的，运动者参与户外运动的主要目的是健身、探险、提高竞技水平和运动能力。③户外运动是一类体育运动项目群，而非单一的体育运动项目。

二、拓展训练的概念解析

（一）拓展训练的概念

拓展训练，又称“心理拓展训练”“外展训练”等，具体是指利用大自然（高山、丛林、溪流）等地域和相应设施，通过运动者参与运动体悟活动理念、增长知识、促进心智发展的体育活动。

拓展训练以体育运动为主要活动内容，以改变个人的行为来培养其良好心理品质并最终提高参与者的综合素质，实现可趋向性目标为活动目的，是一种学校、企业都非常重视的体育活动形式。简单来理解，拓展训练就是一种户外运动体验式学习。

（二）易混淆的拓展训练相关概念

拓展训练是从国外传到我国的一种体育运动形式。早期人们对拓展训练的认识还不够清晰全面，因此，在对拓展训练的认知方面存在很多容易混淆的概念。主要有以下几种。

1. 户外体验式训练

户外体验式训练具体是指在户外进行的一种注重参与者的身体和情感体验的一种体育活动形式和学习方式。

户外体验式训练与拓展训练都非常重视运动参与者的运动体验，但与拓展训练的一次性、室内室外均可开展、内容形式更加多样化等特点相比，户外体验式训练主要是通过设计一系列的户外活动训练课程来进行的。训练课程过程中，强调教学形式以体验与经验分享为主，并通过专业教练的指引，分析与探讨问题，促进运动者有所感悟和收获。①

2.Outward Bound

Outward Bound，原是航海术语，意为“出海的船”。航海之前，会召集水手回到船上做好起航的准备，之后逐渐演变具有了“小船出海，不惧怕未知危险，勇敢战胜困难”的重要运动训练思想与行动。现阶段，Outward Bound 具有明确的概念描述，它是一种具有良好教育意义的户外体育活动（组织），运动参与者自备训练费用，通过参与有组织、有计划的活动来提高运动参与者在活动中的个人体验。Outward Bound 培训时间无具体规定，少则四五天，一般培训时间通常为 15 天。

3.Project Adventure

Project Adventure，又名“主题式冒险”，由美国人杰瑞·皮赫（Jerry Pieh）在 20 世纪 70 年代创立，是一种教育理念和课程模式，在学校教育中备受欢迎，同时也在企业管理领域受到认可。目前，成立了非营利性国际教育组织——Project Adventure Inc.（PA 组织）。PA 是 OB（Outward Bound）和常规学校教育相结合的产物，它将在户外冒险性活动（如攀岩、登山）改良为在场地内进行的活动课程。此类课程不需要很多教具就能完成。PA 课程分低度、中度和高度冒险训练三种，通过游戏的形式来完成课程学习，多被用于心理咨询方案或者成长团体为主的心

---

① 胡炬波，厉丽玉．户外运动与拓展训练 [M]. 杭州：浙江大学出版社，2017.

理治疗范畴，目的在于激发参与者的冒险精神。

第二节　户外运动与拓展训练溯源

一、户外运动的起源与发展

户外运动起源于18世纪末的欧洲，特别是在阿尔卑斯山脉地区，当地居民为了表示对爱情的忠诚，会勇敢地攀上高山，采摘“高山玫瑰”献给心爱的姑娘，后来，这种风俗逐渐演变成登山活动。同时，随着科学家对阿尔卑斯山区的探索，登山运动逐渐发展成为一种广受欢迎的户外活动。1760年，瑞士科学家德·索修尔对阿尔卑斯山区的冰川产生了浓厚兴趣，并在山脚下贴出告示，奖赏能够攀上勃朗峰的人。这一事件进一步推动了登山运动的发展。

19世纪中叶，阿尔卑斯山区的登山运动迅速发展，并于1857年在德国诞生了世界上最早的户外运动俱乐部，该俱乐部以登山、徒步为主要运动项目，是现代户外运动俱乐部的雏形。此后，户外运动的形式逐渐多样化，包括徒步、登山、越野比赛、漂流和自行车等。

二战时期，户外运动主要作为生存手段被迫进行，军队利用户外运动进行训练，以增强战士的团队合作意识。随着战后经济水平的提高，户外运动逐渐成为人们热衷的休闲方式之一。

近年来，户外运动在中国也迎来了春天。随着经济社会发展和生活水平提高，人们日益注重健康和生活质量，青睐贴近自然的休闲和运动方式。冰雪、路跑、骑行、越野、露营等户外运动呈现爆发式增长，特别是“90后”、女性和亲子家庭成为消费主力军。同时，政府也出台了一系列政策，推动户外运动设施建设与服务提升，促进户外运动产业的高质量发展。户外运动从最初的登山活动逐渐发展成为多样化的休闲方式，不仅满足了人们对健康和生活质量的需求，而且推动了相关产业的发展。①

① 刘晓燕，高誉松．户外运动拓展与荒野生存探险[M]．北京：北京工业大学出版社，2021.

二、拓展训练的起源与发展

拓展训练，又称外展训练，起源于20世纪40年代末50年代初的英国。这一时间段正值第二次世界大战结束后，全球开始从战争的创伤中逐渐恢复。在这样的背景下，一种旨在提升个体和团队综合素质的新型培训方式应运而生，即拓展训练。

拓展训练的起源与战争紧密相关。在二战期间，英国的大西洋船队屡遭德国纳粹潜艇的袭击，导致大量船员落水并面临生死考验。事后人们发现，生存下来的船员并非体能最好的，而是那些心理素质极强、求生意志最顽强的人。因此，人们开始关注并研究如何在极端环境下提高个体的生存能力和团队协作能力。

随着时间的推移，拓展训练逐渐从军事领域扩展到企业、学校、社会组织等多个群体。它融合了体育、教育、心理、管理等多学科知识，以全面提升参与者的综合素质为目标。在中国，拓展训练自20世纪90年代引入以来，得到了迅速发展，并成为许多企业和学校团队建设、素质教育的重要组成部分。

如今，拓展训练已经成为现代社会中一种重要的团队建设和素质教育手段。它有助于提升个体的生存技能和心理素质，更重要的是能够促进团队协作和个人成长。同时，随着科技的发展，拓展训练行业也在不断创新和进化，如引入虚拟现实（VR）、增强现实（AR）等高科技手段，为参与者提供更加身临其境的体验。

第三节　户外运动与拓展训练的价值及特征

一、户外运动与拓展训练的价值

户外运动与拓展训练都属于体育运动的重要项目群，具有体育运动的一般运动价值，同时也体现出户外运动与拓展训练的自身特点。

（一）健身价值

1. 强身健体

户外运动和拓展训练，以身体活动为主要形式，活动场地以自然环境为依托，有助于促进运动参与者的身体健康发展。

户外运动内容丰富，无论男女老少，每一个年龄阶段的人都可以在户外运动体系中找到适合自己的户外运动形式。参与户外运动进行健身锻炼，可有效增强身体素质、提高身体对自然环境的适应能力。

拓展训练是一种实践性的体育教育与训练形式，其注重个体的心理素质和社会性发展，但同样以各种体育活动内容与形式为基础，是一种丰富有趣的体育活动。参与拓展训练，通过对一些特定运动项目的学练和挑战，可有效促进人体肌肉力量，加大关节运动幅度，有效地发展柔软性，提高肌肉、韧带的伸展性，刺激身体促使内分泌物质保持适度的均衡，对人身体素质的提升有积极影响。

户外运动和拓展训练的具体强身健体价值表现如下。

（1）促进生理机能发展

首先，参与户外运动与拓展训练可有效改善身体各系统机能。户外运动和拓展训练的自然多变的自然运动场景（山地、水域、草地、森林等）、丰富的技术动作要求和技术动作完成的节奏、难度、幅度等，可提高人体中枢神经系统的紧张度，能促使人的神经中枢的灵活性和协调性得到锻炼和提升。由于神经系统对人体的其他系统和器官具有重要的支配和协调作用，因此，神经中枢的灵活性和协调性得到锻炼和提升可以有效促进整个身体的生理机能水平的提高。

其次，户外运动与拓展训练对运动参与者的心肺能力有较高的要求，参与这两个项目群的训练，可以有效提高运动参与者的心血管系统机能。户外运动和拓展训练中丰富的活动内容、多样化的身体动作、专业技术动作的完成等，都可以促进人体多样化的运动锻炼，促使运动者完成各种复杂多变的运动。这些运动形式的完成需要消耗大量的血氧，长期坚持参与户外运动与拓展训练，可提升机体对血氧的利用水平。同时，运动实践表明，科学的户外运动和拓展训练活动可增强人的心脏活力，加快新陈代谢和机体组织的血液循环，促进体内代谢活动的进行，使机体保持活力。

最后，户外运动和拓展训练中有一些颇具挑战性和冒险性的运动内容，如户外运动中的攀岩、漂流、野外生存和拓展训练中的高空项目。在这些项目的参与过程中，惊险刺激的运动瞬间，会让机体的呼吸系统也保持着高度的工作紧张和运转状态，可促进呼吸系统机能的完善。①

① 孟令滨．大学员户外运动教程 [M]．哈尔滨：东北林业大学出版社，2018.

（2）促进身体素质发展

户外运动与拓展训练均对运动者有不同的身体素质要求，不仅是对各种身体素质要求有所侧重，同时还要求运动者的整体素质水平较高。

具体来说，户外运动中的攀岩、登山等项目对运动者机体的局部力量素质的发展更有良好促进作用；户外运动中的徒步、穿越、野外生存等项目，运动参与时间长，运动形式多样，对运动者的各种耐力素质的发展均有锻炼和促进作用；拓展训练中有很多项目需要运动参与者必须具备良好的灵敏素质，以快速判断、快速行动，这需要各个器官的高效协作与配合，可以使参与者注意力更集中、动作速度更快、动作更加精细化，这些动作的练习与应用，还有助于提高参与者的空间、时间和定向能力，以及判断力、思考力、协调能力等；户外运动和拓展训练中的很多项目对运动者的整体及局部速度、柔韧素质有较高的要求，如户外自行车、游泳、滑冰、滑雪等。良好的速度和柔韧素质是运动者参与户外运动中确保自身运动效率、运动安全的重要素质基础。由此可见，户外运动和拓展训练对运动参与者的身体素质的发展具有全面促进作用。

2. 生长发育

参与体育运动可促进运动者的身体机能发展、身体素质发展，继而可促进个体的良好生长发育。

近年来,我国各级学校重视将户外运动与拓展训练引入学校体育教学系统,其原因就在于户外运动与拓展训练能有效促进青少年学员群体的健康生长发育，尤其是在青少年各项素质、指标发育的敏感期，能对青少年学员的成长发育起到助力作用。

户外运动与拓展训练对青少年学员的成长发育助力价值体现如下。

（1）促进肌肉生长，增强肌力

人体的各种动作和活动的完成需要肌肉做功实现，体育运动的参与需要运动者的身体多部位的肌肉运动参与。户外运动与拓展训练对运动者的肌肉力量、肌肉耐力素质发展等有重要促进作用。户外运动和拓展训练过程中，各种简单或复杂的动作完成，都需要运动者机体的肌肉的参与，需要身体的不同位置的肌肉做功并配合，如此才能形成正确的动作。此外，运动过程中有机体的肌肉，尤其是骨骼肌作为运动者的重要肌肉类型，通过不断运动（工作）促进骨骼肌自身的结构、形态、性质等良性发展。因此，参与户外运动与拓展训练，能使机体各部位的肌肉保持良好的工作能力。

（2）促进骨骼生长，强健骨骼

从出生到成年，随着年龄的增长，人的骨骼是不断增粗、增重的。对于儿童、青少年来说，经常参与户外运动与拓展训练，可促进骨骼的不断生长。对于中老年人来说，经常参与户外运动与拓展训练，可强健骨骼，预防和缓解骨骼的老化。

生理学研究表明，骨骼内部结构中有很多血管、细胞、神经，运动可为骨骼的正常发育提供和输送各种营养物质，可令骨骼轻而坚固。参与户外运动与拓展训练，运动者有机体的身体代谢（物质代谢、能量代谢）就会变得越来越强，能在机体的运动过程中为人体的肌肉和骨骼生长发育提供更多的营养物质和能量，令人体骨骼变得更加坚硬和坚固，能够抵抗较大的外力冲击。

3. 保健康复

户外运动与拓展训练的自然运动环境是良好的养生保健环境，科学的户外运动与拓展训练活动参与有养生保健、医疗康复价值。

户外运动与拓展训练作为保健和医疗康复运动内容，能促进运动者的身体、心理的保健与康复，能促进运动者体质水平和素质水平的提高，再加上自然环境这个天然氧吧，能为个体的保健、康复奠定良好的机体活动基础和环境基础。

现代社会受多种因素的影响，“文明病”多发，医学中的手术和药物治疗对一些疾病的治疗是非常有效的，但是在缓解个体的“亚健康”症状与状态、缓解减少“文明病”方面收效甚微。与医学相比，户外运动与拓展训练更加安全、有趣，患者接受度高，并且治愈效果不错。户外运动和拓展训练具有安全有效、副作用少的优势。

户外运动与拓展训练对于现代人（包括少年、青年）的体重超重、营养过剩、暴饮暴食、熬夜、心理压力大的不良身体状况和生活习惯的改善具有重要的正面影响，能有效减少身体负面反应，还能促进运动者养成良好的体育健身习惯，并形成终身体育意识，长期有效促进身心健康发展。

（二）健心价值

1. 娱悦身心

户外运动与拓展训练内容丰富、形式多样、运动环境自然优美、活动情境真实立体，能使人感受到运动的快乐。

从生理学角度来讲，运动可引起人体内分泌变化，户外运动与拓展训练中的许多项目，如水上运动、高空运动，是运动者在日常生活中接触不到的。运动中，运动者的生理和心理都会处于一个兴奋状态，再加上户外运动与拓展训练的复杂、生动的运动环境及运动场景的多变，就更加容易调动运动者的兴奋感，对于运动者来说是非常有趣的运动体验。

从心理学角度来说，运动能给人带来丰富的情绪体验（如紧张、刺激、激动、成功感与成就感等）。集游戏、休闲、娱乐、健身、冒险等于一身的户外运动与拓展训练，可以给运动者带来各种复杂的情绪体验，这些运动体验大多是具有正向的心理影响的，能充分满足不同运动者的多元化身心体验和发展需求，可娱悦其身心。

2. 疏导情绪

运动可以使人的神经系统处于兴奋状态，由于专注于运动，有机体的运动中枢形成强烈的“优势兴奋灶”，远高于身体其他系统的兴奋性，进而对其他系统的兴奋产生抑制。换句话说，就是抑制不良情绪，摆脱消极情绪。

现代社会，无论男女老少，无论职业收入，都面临着各种压力，如学习、生活、就业、情感等各种压力，这些不良情绪如果难以排解就很容易导致生理或者心理上的问题。如果情绪通过不良的方式排解（如沉迷游戏、网络，甚至斗殴、吸毒等违法活动），则会对自身和家庭，甚至整个社会都带来不良的影响。

户外运动与拓展训练是一种健康的体育运动项目群，是一种健康的健身、娱乐、休闲方式，参与户外运动与拓展训练，运动者可以体验与平时学习、生活所不同的活动环境，并在健身健心的同时，增进快乐、调节情绪。具体来说，户外运动与拓展训练是在大自然环境中开展，在运动环境上，能使人的身心更大限度地放松；在运动过程中，也能最大限度地排解不良情绪，同时获得健康和积极的情绪。

3. 丰富情感

户外运动与拓展训练是一种主题性、体验性活动，运动者在户外运动与拓展训练中，不仅会完成各种活动任务，还会在自然环境中对户外任务的完成有一定的思考和情感体验。

户外运动和拓展训练活动的参与，需要运动者全身心投入活动自身与自然的相处之中，这种情感体验是十分丰富和宝贵的，往往令人印象深刻。

4. 磨炼意志

户外运动与拓展训练中的很多运动内容具有一定的挑战性，需要运动者具有良好的心理素质。参与户外运动与拓展训练对于运动者的身体和心理耐力、意志力是很好的一种锻炼。

参与户外运动与拓展训练，任何一个任务的完成都需要付出一定的体力和心力，需要信心和毅力。运动者参与户外运动与拓展训练，为了很好地完成活动，就必须时刻调整心理状态，要有坚持不懈的品质与意志、吃苦耐劳、不急不躁，增强对自然环境的敬畏意识，同时也要有克服自然环境中生存和运动困难的信心与意志。

5. 完善人格

参与户外运动与拓展训练，要顺利挑战各种困难达成活动目的，不仅需要有良好的体能素质基础，良好的心态、竞争意识、协作能力等，还需要具备各方面的学科知识与自然、社会活动经验。这些知识、技能的学习与锻炼对运动者的个性心理是一个全面的塑造过程，有利于促进运动者的思维、性格、情感、气质等健康心理和完善个性的发展。

（三）文化价值

1. 健康生活新时尚

大量的实验研究证明，经常参与户外体育运动能有效降低心脏病猝死的概率，能增强心脏功能，预防和减少患高血压、高胆固醇症和肥胖等疾病的危险，同时还可以改善糖尿病、骨质疏松症、关节炎、情绪波动等病症。

高质量的生活是指有意义的、有效的、有趣的、富有的生存。参与户外运动与拓展训练能有效提高运动者的生活质量，满足个人的身体、精神、社会发展需求。运动者参与户外运动与拓展训练，能在运动中实现自我发展和在集体中体现个人价值，使运动者在娱悦自身的同时，获得交往、认同、归属，进而提升幸福感。

让社会大众拥有和享受体育生活是一个国家社会进步的重要标尺。户外运动与拓展训练的参与能满足人们运动和享受生活的需求，并使运动与生活完美结合。户外运动与拓展训练的参与可满足个人高质量的生活追求。

当前，户外运动已成为一种时尚运动方式。其多样化、个性化等特点，让人拥抱自然、挑战自我，备受大众追捧。

2. 交往合作新时尚

每一个人，作为社会成员，在社会环境中生存、发展，都与其他社会成员有着千丝万缕的联系。人们交往的空间不断扩大，感情通融和交流的需要日益加强，在人与人的互动上，和之前相比，互动方式与内容发生了重要变化。越来越多的人开始逃离交通拥挤、人声喧闹的城市，钟情于到郊区户外，亲近自然。

户外运动和拓展训练给予了人们亲近自然、锻炼身体、娱悦身心的良好机会和方式。随着大众对健康认知的不断提高，更多的人愿意走出家门、走到户外，感受新鲜空气，与自然山川河流进行亲密接触与互动。无论是谈生意还是日常社交，更倾向于换上一身休闲装，一起相约去爬山健身，或企业组织员工参加户外拓展，增强集体荣誉感和凝聚力，消除隔阂，增进情感，促进合作共赢。

现阶段，户外运动与拓展训练已经成为广大人民群众探索交往合作的一种新的方式，成为一种新时尚。

二、户外运动与拓展训练的特征

（一）自然性

自然性是户外运动与拓展训练的一个最为显著的特点。户外运动与拓展训练是在自然环境中进行的，运动者参与户外运动与拓展训练运动，是人与自然的互动过程。

现代社会生活节奏快、压力大，现代人比以往任何时候都更加渴望亲近大自然，而户外运动的自然运动环境正是户外运动与拓展训练备受现代人，尤其是城市居民喜爱的原因之一。

（二）探险性

户外运动与拓展训练在户外自然运动环境中开展。自然运动环境与人工运动场馆环境相比，不可控因素更多，使得整个运动过程将会受到更多客观和主观因素的影响和干扰，整个户外运动与拓展训练过程都充满了未知性，需要运动者在户外运动与拓展训练中进行探索。

（三）挑战性

户外运动与拓展训练的户外自然环境在决定了户外运动与拓展训练具有探险性的同时，也决定了户外运动与拓展训练具有挑战性。运动者在参与户外运动与拓展训练面对前方的未知时，需要做好身、心两方面的准备。同时，也正是因为户外运动与拓展训练中各种冒险性质的运动因素的存在，才使得户外运动的参与对运动者来说具有一定的挑战性。“挑战极限,完善自我”是户外运动与拓展训练中最常用的口号，运动者可以在参与户外运动与拓展训练的过程中完成自我重塑与个人（团队）成长。

（四）集体性

户外运动与拓展训练运动项目和活动内容丰富、形式多样，多以集体组织形式进行，许多户外运动与拓展训练的运动目标和任务都非个人能力就能完成，而需要整个团队的协作。户外运动与拓展训练活动以团队的形式开展，在团队成员的共同努力下完成，团队精神和凝聚力也在参与户外运动与拓展训练的过程中得到强化。

（五）适应性

户外运动与拓展训练参与，需要运动者对自然、对团体具有良好的适应性，同时户外运动与拓展训练自身的开展应适应自然环境的客观发展，不能破坏自然生存法则和发展规律。

第四节　户外运动与拓展训练基本常识

一、户外运动基本常识

了解环境：在进行户外运动前，要充分了解活动区域的地形、气候、植被等情况，以便制订合适的活动计划和应对措施。

准备装备：根据活动需求，选择合适的装备，如登山鞋、冲锋衣、登山杖等。同时，要确保装备的质量和功能符合安全要求。

掌握技能：学习并掌握必要的户外运动技能，如登山技巧、攀岩技巧等。此外，还要了解基本的急救知识和自我保护方法。

结伴而行：尽量不要单独进行户外运动，应结伴而行，以便在遇到困难时互相帮助。同时，要确保团队成员之间的通信畅通。

保持体力：在户外运动中，保持体力是非常重要的。因此，要合理安排活动时间和强度，避免过度疲劳。

注意天气变化：在户外活动中，天气变化可能会对活动产生重大影响。因此，要密切关注天气预报，以便及时调整活动计划。

尊重自然：在户外活动中，要尊重自然环境，不乱扔垃圾，不破坏植被，不惊扰野生动物。

二、拓展训练基本常识

拓展训练是一种通过特定活动和项目来磨炼意志、陶冶情操、完善人格、挑战自我并熔炼团队的方法。它融合了体育、教育、心理、管理等多学科知识，旨在全面提升参与者的综合素质。

了解拓展训练目标：在进行拓展训练前，要明确活动的目标，如提升团队协作能力、增强自信心等。这有助于参与者更好地参与活动并达到预期效果。[①]

选择合适的项目：拓展训练项目种类繁多，如高空断桥、高空平衡木、皮划艇等。应根据参与者的需求和目标选择合适的项目。

确保安全：安全是拓展训练的首要原则。在进行任何项目前，都要进行安全检查，确保场地、器材和人员都符合安全要求。同时，参与者要接受专业的安全培训和指导。

积极参与：拓展训练需要参与者的积极参与和投入。在活动中，参与者要勇于挑战自我，尝试新的方法和思路；同时，要学会与他人沟通和协作，共同完成任务。

总结经验：拓展训练结束后，参与者要及时总结经验教训，分析活动中的得失和成败原因。这有助于参与者更好地了解自己在团队中的角色和定位，以及如何在未来的工作中更好地展示自己的能力。

注重团队建设：拓展训练的核心是团队建设。在活动中，团队建设组织者要关注团队成员之间的沟通和协作情况，及时发现并解决问题。同时，要培养团队成员之间的信任和默契，以便在未来的工作中更好地配合和协作。

总之，户外运动与拓展训练是两个富有挑战性和趣味性的领域。通过了解并

① 庹清云，尧义．大学员户外运动与拓展训练安全管理研究 [M]. 北京：原子能出版社，2017.

遵守基本常识和原则，我们可以更好地参与这些活动并享受其中的乐趣和收获。同时，这些活动也能帮助我们提升个人综合素质和团队协作能力，为未来的工作和生活打下坚实的基础。

第九章　户外拓展训练项目实践

第一节　破冰沟通类项目

一、平衡箱

项目概述：这是一个很好的破冰活动，有助于受训者在初次相识的时候，消除彼此间的距离感，为以后团队成员相互提供身体支持打下基础。

人员要求：6 ~ 8 人一组，全体受训者参与。

时间要求：15 分钟。

场地器材：空地；箱子。

项目目标：①消除受训者之间的陌生感，加强彼此之间的亲近程度。②培养团队合作意识。③加强受训者之间的沟通与交流。④活跃现场气氛。

项目规则：①将受训者分成 6 ~ 8 人一组。②在空地上放几个箱子，保证每组一个。③每组的一个队员先站到箱子上，其他队员再一个接一个地站上去，每一组所有的队员都要站到同一个箱子上。身体的任何部位都不能触到地面，哪一组的人被挤下去就算输。④比比哪个组在箱子上站得最久，坚持最久的组即为获胜组。

注意事项：注意高度，注意适当保护，避免队员受伤。

分享回顾：当越来越多的人站到箱子上的时候，大家的感觉是什么？在行动之前，各小组都做了哪些准备工作？游戏结束后，都有什么样的感受，是否更加团结友好了？

总结与评估：平衡箱需要紧密的身体接触，这是一个很好的破冰游戏，可以帮助受训者破除彼此之间的距离感，为以后的互帮互助创造前提。对于大家上去的顺序也要有所安排，要让瘦人先上去，胖人再上。破冰活动可加强彼此间的沟通和亲密感，为以后相互帮助、共同合作完成任务提供基础，同时也有助于活跃现场气氛。

二、百花争艳

项目概述：本活动适合于一个团队刚刚形成之际，新学员的相互熟识有助于打破尴尬的气氛，消除拘谨情绪，增进彼此间的沟通。

人员要求：30 ~ 50 人。

时间要求：15 分钟左右。

场地器材：空地；奖品。

项目目标：①新成员之间的相互熟识。②团队合作精神的培养。③沟通技巧的训练。

项目规则：①让所有受训者牢记以下 7 条口诀，牵牛花 1 瓣围成圈；杜鹃花 2 瓣好做伴；山茶花 3 瓣结兄弟；马兰花 4 瓣手拉手；野梅花 5 瓣力气大；茉莉花 6 瓣好亲热；水仙花 7 瓣是一家。②让所有成员随意站立在指定的圈内，活动开始，拓展教练击鼓念儿歌，儿歌随时会停。当拓展教练喊到“山茶花”时，场内成员要迅速结成 3 个人的圈；当喊到“水仙花”时，要结成 7 个人的圈；“牵牛花”只要 1 个人站好就可以。凡是没有能够与他人结成圈，或者数字错误的，都被淘汰出局。③圈内剩余人数为 5 人左右时，活动结束。剩余的为赢家，获得个人奖。

分享回顾：经过这个活动以后，受训者之间气氛是否更融洽了？对于人与人之间的交流来说，微笑和快乐有什么用？

总结与评估：这个活动要求学员反应敏捷、动作迅速，记忆力好是前提。大家在玩乐的过程中可以增进彼此的友谊，加强沟通与交流，增进整个团队的互助精神，增强团队意识，为以后的合作打下良好基础。①

三、平结绳圈

项目概述：本活动仅仅依靠一堆长短不一的绳子，就能组织起一场生动、有趣的拓展活动。

人员要求：不宜过多，10 ~ 15 人。

时间要求：15 分钟。

---

① 陈向权，李臻，齐华 . 现代户外运动与拓展训练研究 [M]. 北京：现代出版社，2023.

场地器材：空地；长短不一的绳子若干条（依人数而定）。

项目目标：让受训者迅速地熟识起来，相互配合、相互照顾。

项目规则：①拓展教练教会受训者平结（注意：平结是一种绳子的活结打法，节点可以任意伸缩）的打法。②受训者将平结打好成一绳圈，放在地上，然后受训者将脚放在绳圈之内。③拓展教练提醒受训者："你们的脚在绳圈之内了吗？确认安全了吗？"④受训者确认之后，拓展教练说："开始换位"，受训者全部离开自己的绳圈并到其他的绳圈之内；三次之后，开始逐渐减少绳圈的数量，每次减少一个，并经常提醒学员"你们的脚在绳圈之内了吗？确认安全了吗"；要求所有受训者不得在绳圈之外（可能是几个人同时挤在同一个绳圈里）。⑤只剩下一个绳圈的时候，所有人都站在一个绳圈里，不断缩小圆圈，直到所有人都紧紧挤在一起；游戏第一阶段结束。⑥游戏第二阶段，拓展教练不断地将绳圈缩小至极限范围，并不断询问所有人有没有信心挑战极限。受训者不断地进行挑战，当到达极限的时候，往往会出现一些意想不到的结果。例如，有人会提出我们有没有办法寻找新的思路来挑战极限。拓展教练要注意把握场上气氛，及时对受训者加以引导。如果受训者没有办法解决问题，拓展教练视情况将解决方法公布——所有受训者可以坐在地上，将脚放在绳圈内，就符合游戏的要求。

分享回顾：本活动分为两个阶段，第一阶段可从团队的角度挖掘活动的意义，第二阶段可从创新的角度挖掘活动的内涵。拓展教练要注意把握分寸，否则起不到教育的作用。

第二节　团队信任类项目

一、信任背摔

项目概述：信任背摔是一个非常经典的拓展训练项目，它可作为第一个训练的项目。此项目虽然风险较高，但如果操作规范，安全是可以保证的。

人员要求：一般在 12 ~ 16 人，男学员不能少于 5 人。

时间要求：90 分钟。

场地器材：选择相对较软的地面；1.4 ~ 1.6m 背摔台，有扶梯和半角围栏；长

0.8m、直径 20mm 的背摔绳 1 条，要求结实、柔软、摩擦力大。

项目目标：①培养团队内部的相互信任。②增强受训者挑战自我的勇气。③发扬团队精神，互相帮助。④通过挑战，懂得合理突破本能的重要意义。⑤感悟制度的制定与保障对完成任务的价值。⑥培养受训者换位思考的意识。

项目规则：①台上的受训者，双手胸前交叉绑住，双脚并拢头部微含，身体保持紧张状态，脚后跟出台 1/3，发出口令："准备好了吗？"听到确切的回答后，大声数"1、2、3"后向后倒下。②台下的受训者，两两相对，双手平伸，掌心、肘窝向上，指尖触及对方身体，双臂自然微曲绷住，4 条臂膀平行交错，右脚前弓步，脚内侧与对面学员接近，上体保持正直，头向后仰，双眼盯住台上受训者的后背，相邻受训者双肩相靠，形成一个整体，根据受训者倒的方向及时调整。当台上的受训者发出口令后齐声回答："准备好了！"接住受训者之后，先放脚，帮助其站直。③所有人员取出身上所有硬物，长发受训者把头发盘在帽子内，戴眼镜的受训者要把眼镜取掉。④队长安排人员，适当对疲劳的受训者进行调换。受训者如有身体不适、体重过重、腰部疾病、高血压等，须事先告知拓展教练。

注意事项：①实际操作前，再次确认受训者是否按安全要点准备，并且让接人的受训者做好动作。拓展教练纠正他们的错误，一切就绪后，拓展教练走上背摔台，开始项目操作。②在整个过程中，拓展教练多与受训者交流并注意观察如下情况。受训者是否紧张；台上受训者的动作是否安全、规范，若不规范应及时给予调整；台下受训者的动作是否规范，若不规范应及时给予提醒和调整；受训者的参与度不够高应给予受训者足够的鼓励。③反复强调安全，受训者倒下后，强调先放下脚，然后解开捆手绳，换下一个人训练。

分享回顾：让受训者体验信任与责任。强调沟通的重要性，随时保证清晰有效的信息交换。体验规则、约束和自律的重要性。克服受训者的畏难情绪，体验团队的温馨。

二、风中劲草

项目概述：本活动旨在帮助受训者建立彼此间的信任以及对团队成员的信心。相互之间的沟通是树立信任与信心的基础，一旦信任完全建立，就会感觉到团队的工作气氛是多么轻松愉快。

人员要求：8 人一组为最佳，全体受训者。

时间要求：15 ~ 20 分钟。

场地器材：空地；不需要任何器材。

项目目标：建立团队中的信任。

项目规则：①拓展教练让每组成员围成一个向心圆，自己站在中央来示范。②拓展教练双手绕在胸前，做出以下的沟通对话。拓展教练："我叫……（自己的名字），我准备好了，你们准备好了没有？"全体受训者回答："准备好了！"拓展教练："我倒了？"全体受训者回答："倒吧！"③这时拓展教练整个身体完全倒在团队成员的手中，然后团队成员把拓展教练顺时针推动两圈。④在拓展教练做完示范之后，小组的每位成员都要试一试。

分享回顾：该游戏最难的地方是哪里？可以怎样改进？在活动过程中，整个团队的合作精神怎么样？是否有信任感？[①]

三、合力过桥

项目概述：这是一个典型的个人挑战与团队相结合的项目，团队的支持起着至关重要的作用，想要成功，最佳的方法就是融入团队。相信队友，目标一致，相互配合，不怕困难才是获胜的关键。合力过桥经常作为团队建设初期的项目，让受训者投入其中，感受生活中的每一步都与许多默默支持自己的人分不开。

场地器材：①足够大的场地，能满足人员活动及保护的需要。②专项训练架。③长 25m、直径 10.5mm 的动力绳 2 根。④丝扣铁锁 4 把，钢索 4 把。⑤全身安全带 2 套、半身安全带 2 套，头盔 2 顶。⑥ 1 个"8"字环或 2 个 ATC，最好使用 8 字环。⑦ 2 条 60cm 的绳套，足够数量的手套。

项目目标：①训练团队内部的相互信任。②增强受训者克服恐惧、勇往直前、挑战自我和激发潜能的勇气。③增强团队意识、培养面对困难时互相帮助的精神。④培养受训者换位思考的意识。⑤以积极的心态争取和获得前进的动力。⑥挑战顺序与团队的组织方法的关系。

项目规则：①学习安全带、主绳、锁具和头盔的使用方法。②保护组成员一同学习"五步收绳保护法"并要求主保护演示，每组有两位副保护。③讲解拉拽吊板下方保护绳的方法，并且尝试以上方吊索为支点寻求平衡用力。④安全要求

① 张斌彬，李晓雷，王晶．体验式教学：高校户外运动教学与实践研究 [M]. 北京：应急管理出版社，2019.

的讲解，包括摘除饰品及佩戴的硬物，活动中的注意事项以及影响心理安全的沟通方式等。⑤学员穿戴好保护装备，接受队友激励后，由地面通过扶梯爬到起点，做好准备，通过 3 块 30cm 宽、不同长度、摇晃不平衡的吊板，其他受训者分组抓住吊板垂下的绳子，掌握平衡，让高空的受训者顺利通过。⑥通过之后，受训者从另一侧扶梯爬下，休息，直到下一位受训者挑战完成后，参加保护。

注意事项：①有严重外伤病史或有严重心脑血管疾病、精神病、慢性病及并发症或医生建议不适合参与此类挑战项目者，建议不参与此项目。②摘除身上所有的硬物，穿安全带、戴头盔，连接保护点时要进行多遍检查，学会安全护具的穿戴方法和保护方法。③保护受训者应跟随桥上受训者，并在其相对平行位置的后方进行保护。④拉绳受训者要有 1 名机动受训者备用，以防止个别受训者体力不支。⑤拓展教练要通观全局，既要关注桥上受训者，也要注意保护受训者的情况，当出现不合理动作时，及时提醒或叫停。⑥严禁脚踩绳索，不得将锁具跌落在硬地上。⑦拓展教练不得强求不愿参加者。

项目控制：①训练时，找最先挑战的受训者参与，边演示边讲解，语言精准，要点突出，逻辑清楚。②鼓励所有的受训者参与挑战活动，确认不适合参加此活动的受训者的身体状况。③受训者要有合理的轮换顺序，适当提醒桥上受训者积极努力，不在桥上停留太长时间，防止拉绳人员疲劳。④密切注意保护受训者的器械状况及动作的规范性，观察并简单记录每一名受训者的表现，以便回顾总结。⑤合理使用不同风格的语言进行指导，激发受训者的挑战积极性。

回顾总结：①对所有学员给予鼓励，调动拉绳受训者的情绪，防止产生消极情绪。②鼓励每一名受训者讲述感受并给予肯定，可以与现实生活联系进行分享。③请受训者谈谈挑战前后的心理变化。④自信和互信的分享，信任问题已经在生活中受到越来越多的关注和认可。⑤团结合作与他人的帮助对完成任务的重要作用，只有全体受训者齐心协力，才能到达胜利的彼岸。⑥引导受训者体会一个人成功的背后有太多人在默默地付出，成绩绝不是一个人的。⑦当够不到前面的吊索时，只有一边放开了，才有机会抓住另一边，受训者可从中懂得取舍之间的关系。时间是完成挑战的重要影响因素。

第三节　团队合作类项目

一、船东和青蛙

项目概述：小游戏蕴含着大道理，这个活动就是如此。虽然只是一个看似很容易的游戏，但也需要两个人的默契配合，否则是无法完成指定动作的。

人员要求：偶数人一组，每次两人。

时间要求：10 分钟。

场地器材：空地；纸箱；绳子；书夹。

项目目标：①团体合作精神的培养。②团队合作能力的训练。

项目规则：①全员分成数队，每两人组成一组。坐在纸箱内的人想跳起时，另一人趁机拉动纸箱来进行接力赛。②依照号令，一人坐在纸箱里，另一人拽着用书夹固定在纸箱里的绳子（长 3m）的一端。③拽着绳子的人，要趁着纸箱里的人跳高时，往前拉，如此继续前进。④到达目的地后迅速换人进行接力赛。

注意事项：要充分热身，受训者如果配合不好，纸箱中跳起的人就会摔倒受伤。

分享回顾：这个游戏成功的关键是什么？两个人之间要怎样配合才能迅速完成任务？要想完成任务，除了需要两个人之间的完美配合外，还需要什么？

总结与评估：两个人刚刚开始合作的时候，肯定有不尽如人意的地方，此时绝对不能互相抱怨，而是要不断磨合，调整自己，适应对方的需求，经过几次磨合以后配合默契了，也就能够快捷地完成任务了。本游戏除了需要两个玩游戏的人亲密无间的配合外，还需要其他人时刻准备着，等待他们回来，然后接手下一项任务。就像在一个集体当中，肯定有一部分人打前锋，还有一部分人做后盾，前锋固然重要，但后盾的力量也不容忽视。①

二、悬空试验

项目概述：一个团队在接到任务以后，要进行一系列的动作，计划、分配工

① 刘志国．拓展训练的基础理论和实践 [M]. 长春：东北师范大学出版社，2018.

作、沟通、合作，进而以成本最小、效益最高的方法完成任务，本活动可以充分体现这一过程。

人员要求：12 人一组。

时间要求：15 分钟。

场地器材：空地；9 条绳子，9 根竹竿。

项目目标：①培养团队建设和团队合作精神。②培养团队制订计划和解决问题的能力。③锻炼团队的分工合作精神和能力。

项目规则：①拓展教练发给每个小组 9 条绳子和 9 根竹竿。②每个小组必须在 20 分钟内搭建起一个架构，该架构可以让全体受训者同时离地 3 分钟。

注意事项：注意竹竿和绳子的质量，要求离地距离不得过高并注意做好保护工作。

分享回顾：小组是如何行动的？是先确定出一个可行的方案再行动，还是一边行动，一边寻找可行的方法，哪一种方法能更好地完成任务？在行动的过程中，是不是每个受训者都参与了整个过程？大家对于所要执行的任务是否有清晰明确的了解？大家的配合是否可以达到天衣无缝？如何改进？

总结与评估：最好的计划来自大家的主动参与和集体的智慧，而不是某个人的主观意见，观望不能解决问题，大家必须都参与其中。一开始的时候大家要有一个基本计划，以便朝着一个方向努力。但有必要的话，要在活动中随时调整，注意保持过程中的条理性和有序性，做到应时而动，动静自如。这是一个集体参与的游戏，彼此间意见不一、磕磕碰碰是难免的，除了要保持彼此间的容忍与合作外，还要注意一开始就确定每个人所扮演的角色，比如谁是指挥者、谁是设计者、谁是实施者等。

第四节　挑战自我类项目

一、独木桥

项目概述：独木桥是以个人挑战为主的项目，所有受训者都要从独木桥的一端走到另一端。它考验受训者在高空中努力控制自己的身体，保持镇定、勇往直前的精神。有时，困境不一定一闪而过，而是需要一步步走出。

人员要求：14 人左右，最好不要超过 16 人。

时间要求：85 分钟。

场地器材：①室外空地。②组合训练架或专项训练架，桥面离地 8m 左右，桥体不短于 6m，中间段粗 30cm，长直松木为佳，自然打磨光即可，离上方铁索 2.6m。③ 25m 长、直径 10.5mm 静力绳 2 条。④ D 形锁或 O 形锁 4 把，用于连接钢索（有滑轮可省），主锁 4 把，“8”字环 2 把。⑤全身式安全带 2 条，安全帽 2 顶。⑥ 80cm 扁带 2 条，主锁 2 把，用于挂摘器械或备用。⑦手套 4 副。可在面前铁索上连接一条主绳，以备受训者应急手扶（要求受训者戴手套），湿滑天气不做此项目。

项目目标：①克服恐惧，勇往直前，认识自我，挑战心理极限。②自我说服与自我激励，鼓励他人和获取鼓励。③体验在特殊情境下，脚踏实地地走出困境。

项目规则：①受训者要从木桥较粗的一端走向较细的一端，所有受训者共同学习头盔、全身式安全带的使用方法。保护受训者学习半身式安全带、“8”字环、主锁的使用与检查方法以及法式五步收绳法。②先在地面演示并组织受训者模拟练习在一条直线上走小碎步。③受训者穿戴好保护装备后，接受队友的队训激励。④受训者通过梯子慢慢爬上距离地面 8m 的高空，沿桥面慢慢走到对面，沿梯子爬下。在桥面上不允许跑，手不允许拉拽身后的保护绳。⑤受训者系安全带、戴头盔、连接上升器时，指定一名队友帮助，安排一名受训者负责检查，拓展教练最后全面检查一遍；前一名受训者在做项目时，拓展教练安排好下一名受训者做好准备，前一名受训者回到地面后，下一名开始挑战。⑥拓展教练或受训者做主保护，后方要有两个受训者做副保护。⑦保护人员要不断调整，确保绳的松紧适度，在上方受训者的侧后方 1m 左右随其移动，使保护绳不产生前后的明显拉力。⑧特殊情况下，面前有一绳可扶，但不得拉拽借力过桥。

注意事项：①注意桥面上受训者的全过程，要不断给予鼓励。②受训者如有严重外伤病史，或有严重心血管、脑血管及精神疾病，慢性病及并发症或医生建议不适合做此类挑战活动者，可以不做此项目。③必须将安全放在首位，挑战者不得强求受训者。④按照轮流挑战顺序对团队完成任务的影响分析做合理提示，不要将女受训者全部留在最后。⑤受训者如果中途失去平衡，要收紧绳，尽量原地爬上木桥，可以下蹲扶独木桥，不要有跳起动作。⑥长发受训者必须将长发盘入安全头盔，保护受训者不需要戴头盔。

分享回顾：对所有受训者给予鼓励。鼓励每一位受训者讲述感受并给予肯定，完成不够成功的受训者与完成出色的受训者，可以联系实际生活讲述。当桥面越来越窄时有什么想法，准备往回走吗？为什么大多数受训者要求在相对安静的情况下完成挑战，自我激励的方法是什么？当时都想到了什么？集中注意力和注意力的转移对自己的影响。“千军万马过独木桥”让人联想到什么？高考、就业、海选……

总结与评估：按照受训者的分享要点，对已出现的理念而受训者并未讲清的部分给予补充。虽然有时看似路越来越难走，但走过去就是另一片天空，可以引用破釜沉舟的故事。分析互相激励与关爱对集体应对挑战的影响。

二、空中单杠

项目概述：空中单杠是一个以个人挑战为主的项目，它属于高心理冲击的跳跃类项目，整个过程需独立完成。机会就在眼前，经过努力，纵身一跃抓向它，不管结果如何，都无怨无悔。

场地器材：①能够满足受训者开展活动及保护需求的场地和海绵垫，8 ~ 12m 高的专项训练架。②长 25m、直径 10.5mm 的动力绳 2 根。③丝扣铁锁 4 把，钢索 4 把。④长的绳套 2 条，手套 4 双。⑤“8”字环或 ATC 2 个，最好使用“8”字环。⑥安全头盔 2 顶，全身式安全带和半身式安全带各 2 套。

项目目标：①培养受训者克服恐惧、勇于挑战的信心并在其中激发潜能。②学习用积极的心态去争取并获得机会。③增强团队精神，面对困难时互相鼓励，互相帮助。④学会目标管理与自我说服。⑤学习分析风险和把握能力的机会。[①]

项目规则：①学习安全带的使用方法，了解主绳、锁具与头盔等安全设备的使用方法。全身式安全带，在拓展训练的高空项目中最常使用，主要用于跳跃类项目。半身式安全带，一般分为“短裤式”和“裹尿布式”，由于腿环和腰环所需大小不同，可分为全可调式和半可调式。拓展教练必须在开展活动前，向受训者演示使用方法，并要求将腰带系在髂骨以上。胸式安全带，可以和坐式安全带结合使用，不得单独使用。②全体学习“五步收绳保护法”并要求主保护演示，每

① 叶应满，王洪，韩学民．现代运动训练的理论分析与科学方法研究 [M]. 成都：电子科技大学出版社，2017.

组有两位副保护。③受训者穿戴好保护装备，接受队友激励。由地面通过立柱扶手，爬到顶端，通过自己的努力，站到立柱顶端的圆台上，站稳后两手侧平举并大声地问自己的队友和保护员:“准备好了吗？”当听到“准备好了”的回答之后，自己大声喊“1、2、3”，同时奋力跃出，双手虎口抓向单杠，完成之后松开双手，在保护绳的保护下，慢慢回到地面。④至少6位受训者组成两个保护组。

注意事项：①有严重外伤病史，或有严重心脑血管疾病、精神病、慢性病及并发症或医生建议不适合参与此类挑战项目者，不要参与此项目。②摘除身上穿戴的所有硬物，系安全带、戴头盔，要进行多遍检查，指定一名队友帮助，一名队友负责检查，队长再做最后一遍全面检查。③受训者攀登时，保护绳要跟紧，跃出时，要及时收绳。④禁止戴戒指、留长指甲，长发受训者应将头发盘入头盔。⑤跳出后不要抓保护绳索及主锁，用尼龙搭扣将身后的两根保护绳包裹在一起。

项目控制：①布课时找最先挑战的受训者参与，边演示边讲解，语言精练，重点突出，逻辑清楚。②在“挑战基于选择”的基础上鼓励所有的受训者参与挑战。③“秋千杠”的距离应针对受训者身体特征适当调整。④按照成功导向的方法进行鼓励和心理辅导。⑤项目开展要因人而异，假如有学员脸色发白，呼吸急促，动作僵硬迟缓，两腿颤抖，呕吐或表现出呕吐状，两眼发黑不能见物，声称自己已无法坚持的，或因个人原因强烈抵触的，不要勉强其完成。有心脏病、高血压、脑血管病史的，不参与此项活动。⑥拓展教练在设置保护点时，要合理确定两个保护点的位置，最好前后独自受力，这样不至于将受训者单摆到前后的柱子上，以受训者松手时，绳与上方保护点形成正三角形为佳。⑦尽量由同组受训者进行攀爬，拓展教练关注保护攀爬者之间的协调过程。⑧密切注意所有受训者的器械状况以及动作的规范性。

分享回顾：①对所有受训者给予鼓励。②鼓励每一名受训者讲述感受并给予肯定,完成不够出色的受训者与完成出色的受训者可以联系生活实际谈体会。③按照受训者的分享要点，对相对模糊的理念或受训者并未讲清的部分给予补充和提炼。④从团队学习与团队发展角度，讲讲顺序、榜样以及激励。⑤挑战前后的心理有什么变化？整个挑战活动中最困难或最害怕的是什么时候，为什么？⑥机会的出现往往伴随着风险，等到没有风险时也许就错失了机会，你怎么看待这个问题？⑦分享“冰山理论”，分析关于人的潜能问题，包括可激发出的显性潜能和隐性潜能。在海面上的冰其实只是冰山的一角，更大的冰山其实在海面以下。我们的能力也是如此，平时看到的和用到的大多是显性能力，而我们还有更多没有被发掘的潜在能力，这些能力通过激发可以表现出来，在需要时为我们提供帮助。潜能包括易于激发和难以激发两种，平常生活中，只要能够激发出那些易于激发的潜能就可以超越自我，生死关头需要激发各种潜能。⑧在生活中，要积极向上，当有机会出现时，尽力去争取，只要我们努力过，不论成功与否，至少无怨无悔。

第五节　心理拓展类项目

一、岩降

项目概述：本训练属于高空心理挑战科目。挑战心理恐惧，体验与自己抗争以及成功的乐趣，让受训者重新认识自己，增强自信心。

场地器材：10m 左右高的岩壁，动力主绳、静力绳、头盔、手套以及高空速降设备。

项目目标：①对自信心缺乏或懦弱者进行强化训练。②岩降并不需要严格的专业技巧，但只要开始下降，就无法返回，必须克服恐惧与障碍，坚持到底，从自我激励、自我控制到超越自我，最终走向成功。③在拓展教练的指导与保护下，利用绳索由岩壁顶端下降，体会从岩顶一步一步走向地面的感觉。④感受高空坠落前的瞬间。

项目规则：①宣布活动规则和注意事项。②协助受训者穿戴安全装备。③检查各项安全装备。④岩降示范。⑤第一名受训者开始岩降。⑥第一名受训者结束后，更换受训者，直至第一轮结束。⑦教练总结。下降前受训者的心理感受？有没有想过退缩？下降过程中受训者碰到了什么困难？⑧在时间允许的情况下，可再做一次。⑨游戏结束后，由教练带领受训者进行如下讨论。第二次下降时，是不是没有第一次那么慌乱了？为什么？面对困难时，平静的心理会起到什么作用？经过此次训练，受训者从中得到什么启示？心理有何变化和感受？

二、高空断桥

项目概述：高空断桥是一个以个人挑战为主的项目，它属于高空类高心理冲击项目，整个过程需独立完成。“断桥一小步，人生一大步”浓缩了这个活动的精华。

人员要求：①人数 10 人以上，最好不要超过 16 人。②项目完成时间，120 分钟。③项目布课时间，10 分钟。④项目挑战时间，70 分钟。⑤回顾总结时间，40 分钟，其中项目分享回顾 15 分钟，总结提升 25 分钟。

场地器材：①室外，组合训练架或专项训练架，高 7 ~ 12m（从避免身体伤害角度考虑，有时候越低越危险）。②直径 10.5mm 动力绳 2 条，连接后下垂，一根与桥上人员齐膝长，供拓展教练用；另一根至腰，用于桥上保护受训者。静力绳一根，与训练架高度相等或略长，用于攀爬保护的上升器引绳。③ D 形锁或 O 形锁 4 把，用于连接在两条平行的钢索上（有安全滑轮装置可省），主锁 4 把。④上升器 2 把（拓展教练可用主锁与 80cm 长的扁带代替）。⑤至少准备 3 条坐式安全带，3 顶安全帽。⑥ 40cm 应急扁带 1 条，雨天大毛巾 1 条。⑦足球护腿板 2 副。

项目目标：①克服恐惧，勇往直前，认识自我，战胜自我。②自我说服与自我激励，鼓励他人和获取鼓励。③面对困难时的互助精神，培养团队意识。④受训者的挑战顺序与团队内部组织方法的关系，从群体至团队的培养。⑤认知心态对行动的影响，学会缓解心理压力。

项目规则：①大家一起学习安全带的使用方法，掌握头盔、主锁与上升器的使用方法。②在地面演示并组织模拟练习在桥面上的完整动作。③准备挑战的受训者穿戴好保护装备之后，接受队友的队训激励。④利用上升器爬上距离地面 8m 的高空，空中有个断开的桥面，走到桥板的一端，两臂侧平举，然后大声问队友：“准备好了吗？”当听到“准备好了”的回答之后，自己大声喊“1、2、3”，同时跨步跳到桥板另一端，单脚起跳，单脚落地，然后按同样的要求再跳回来。⑤在桥面上不允许助跑，跳跃过程中，可以一只手轻扶绳子以维持身体重心，手不允许紧拽保护绳（有时候在受训者习惯手扶的位置打一个简单结，也是一个好方法）。⑥每位受训者穿好保护装备后，在地面上进行试跳，一定要记住自己的起跳腿。

注意事项：①受训者如有严重外伤病史，或有严重心血管、脑血管及精神疾病、慢性病及并发症或医生建议不适合参与此类挑战活动者，可以不参与此项目。②受训者系安全带、戴头盔、连接上升器时，指定一名队友帮助，安排一名受训者负责检查，队长再做最后一遍全面检查。③一名受训者在做项目时，队长安排好下一名受训者做好准备，前一名做项目的受训者回到地面后，下一名受训者开始。④不断提醒受训者将上升器始终保持在腰部以上的位置。⑤上断桥后，拓展教练让受训者背靠立柱保护身体的内侧，并为其扣上保护绳主锁，摘去上升器连接的主锁，观察受训者的身体反应（一定要先挂后摘锁），再次检查受训者安全带、头盔的穿戴情况。⑥拓展教练用绳与受训者用绳要理顺，分别连接在平行设置的各自钢索上，不要交错（将短绳即受训者用绳挂在前进方向的靠右侧的钢索上）。⑦受训者下去时，先扣上升器的主锁，再摘保护绳的主锁。⑧拓展教练可使用上升器爬升，也可用主锁与长扁带连接后，按照全程保护原则操作。⑨在板端时，受训者应将支撑脚脚尖探出板端少许，果断跃出。⑩如果受训者不敢过桥，拓展教练可先将其引至桥的一端，自己到另一侧引导过桥（如果受训者与拓展教练共用一根钢索时，慎用此法）。⑪如果受训者在断桥的另一侧重心不稳定、摇晃、不敢前进，引导其放松、保持稳定的同时，拓展教练用背部靠住立柱，直到训练架不再共振为止。⑫拓展教练必须戴头盔，受训者要戴足球护腿板。⑬对于脸色发白、呼吸急促、动作僵硬迟缓、双眼盯住木板、不敢看其他地方、两腿颤抖以及有心脏病、高血压、脑血管疾病史的受训者，要不断询问其情况，不得强求受训者完成。

项目控制包括以下内容。

项目布置阶段：语言精练，突出重点，讲解清楚，及时反馈，确保受训者了解任务要求。鼓励所有的受训者参与挑战活动，确认不适合参加此活动受训者的身体状况。提示受训者互相帮助，确保护具穿戴安全。要认真观察女性、体胖、年龄偏大和不擅运动的受训者在地面试跳的距离，以便调整合适的板距。受训者跳回来时的收板距离不宜过大，应使其看到收板过程。

项目挑战阶段：观察受训者反应，利用心理学的辅导方式给予受训者适时、正确的辅导。按照轮流挑战顺序，对团队完成任务的影响分析做合理提示，不要将女受训者全部留在最后。受训者上桥时说："欢迎前来挑战"，对所有受训者给予鼓励。观察并简单记录每一位受训者的表现，便于回顾总结。合理使用不同风格的语言进行指导，激发受训者的挑战积极性。必须将安全放在首位，不得强求受训者。[1]

分享回顾：①分享回顾阶段，对所有受训者给予鼓励。鼓励每一个受训者讲

① 孟然．户外运动项目教育理论与实践 [M]. 长春：吉林出版集团股份有限公司，2024.

述感受并给予肯定,完成不够成功的受训者与出色的受训者可以联系生活讲解。树立榜样与激励。相比在地上跨越的感觉和在高空上跨越的感觉，受训者的心态在其中起了什么变化？当受训者想要放弃时，是靠什么说服自己完成项目的？在激励面前，有人喜欢队友的鼓励，以达到外在激励的作用，有人喜欢让自己处于相对安静的情况下，自己激励自己，没有优劣之分，但合适的激励需要支持，假如你一个人参加这种活动，你会怎样做？②总结提升阶段，按照受训者的分享要点，对已出现的理念或受训者并未讲清的部分给予补充。时间是战胜困难（恐惧）的最好良药。人生途中难免会出现困难和意外，用什么心态去面对，分享弗洛伊德与弟子过桥的故事（过桥开灯后，发现下面有蛇，部分人走回，再开灯后发现中间有安全网，要求留在对面的人走回，仍剩下一部分）。可以分享“断桥一小步，人生一大步”，讲述身边人面对“艰难”、渡过难关的相关故事。《影响世界的 100 个故事》之“穿越沙漠的河流”的故事分享。分享在断桥上曾经遇到过的特殊案例，表明努力之后的成就。分析团队的挑战顺序对集体完成挑战的影响。

重点细节：受训者跳空失足的处理，拉近桥板，拓展教练帮助受训者爬上断桥；受训者可抓住保护绳或桥板，尽力向上返回断桥，避免受训者抽拉木板。受训者在桥面上受伤，请其他受训者协助联系培训主管，在确保安全的情况下，将其运送到地面，按照《红十字救护手册》要求、培训应急预案或拓展训练教研网上的方法进行合理处理。受训者不敢往前走，采用循序渐进的方法：抓住固定物深呼吸→抓住拓展教练的手向前走一步→松开拓展教练独自站立→独自向前移动→抬脚活动或小跳→转移注意力→自我鼓励或接受受训者鼓励→大喊“1、2、3”同时起跳。20 分钟仍无效果时，拓展教练应适当协助其完成。不要使用激将法，应给予极度恐惧者多些鼓励与人文关怀。

同类项目：①升降断桥，有较高挑战能力的受训者，可在安全保护下，在两台升降机牵引的平台间寻找机会来回跳跃。②多向断桥，在四角各有一段木板的断桥间来回跳跃，上方应有固定保护点。

第十章　户外运动与拓展训练的组织实施与安全保障

第一节　户外运动与拓展训练的组织实施基础

一、课程内容与训练形式

（一）课程内容

拓展体验课程：通过一系列精心设计的体验活动，激发参与者的潜能和团队精神。

回归自然课程：强调与自然的亲密接触，培养参与者的环保意识和生存技能。

挑战自我课程：设置具有挑战性的任务，鼓励参与者超越自我，提升自信心和毅力。

领导才能课程：通过模拟领导情境，培养参与者的领导力和团队协作能力。

团队建设课程：通过团队游戏和协作任务，增强团队凝聚力和协作能力。

（二）训练形式

水上训练：包括游泳、跳水、划艇等项目，培养参与者的水上技能和团队协作能力。

野外训练：如远足露营、登山攀岩、野外定向等，锻炼参与者的体能和生存技能。

场地训练：在专门的训练场上进行，利用高架绳网等设施开展团队组合课程和攀岩、跳跃等心理训练活动。

二、师资建设

（一）专业培训

体育教练必须具备户外运动与拓展训练课设计的能力和具体实施教学的能力。

通过学习相关资料，了解户外运动与拓展训练的主要目的和内涵。

到户外运动与拓展训练俱乐部进行实地学习和考察，了解项目内容、训练过程和组织方法。

（二）能力提升

分析高校学员的特点，将社会户外运动与拓展训练俱乐部的训练方法与高校体育教学有机结合起来。

提高教练对户外运动与拓展训练的理解，为科学设计户外运动与拓展训练的内容奠定基础。

三、资源利用

（一）校内资源

充分利用学校周边的资源，如公园、广场等，将其作为训练场地。

发掘校内自然资源并进行优化组合，达到训练的目的。

（二）校外资源

和户外运动与拓展训练俱乐部建立合作关系，共享资源和经验。

邀请专业教练来校进行指导和培训。[①]

四、项目设计

（一）针对性

分析高校学员的心理特点，有针对性地将社会户外运动与拓展训练俱乐部的部分训练内容移植过来进行。

项目设计要具有共同性，确保全体受训学员都能积极参与、勇于尝试、自立

① 程君杰．户外运动与拓展训练研究 [M]. 长春：吉林大学出版社，2018.

互助、分享体验。

（二）多样性

基本素质训练：主要提高学员的自我挑战能力，挑战自身极限，增强团队意识。

综合素质训练：主要增强学员的团队意识，培养学员的沟通能力以及掌握人际的协调能力，培养学员的管理和组织能力。

五、组织管理

（一）制度规范

确立户外运动与拓展训练的相关制度和工作规范，明确职责和工作范围。

（二）实施方案

编制户外运动与拓展训练的实施方案，并落实具体操作。

（三）职责分工

领导起着统领全局的作用。

体育教练主要做指导、协调和组织工作。

班主任着重在于组织、引导和督促学员主动参与活动。

六、安全保障

（一）安全检查

在训练前对器材进行安全检查，确保器材的完好和安全性。

认真检查训练场地，排除安全隐患。

（二）安全培训

对参与者进行安全培训，讲解安全常识和操作规程。

指导参与者树立正确的安全意识。

（三）应急预案

制定完善的应急预案，针对突发事件或意外情况制订实际操作计划和处理方案。

配备专门的人员和工具，保障应急预案的实效性发挥。

第二节　安全是户外运动与拓展训练的命脉

户外运动与拓展训练，作为现代人追求健康、挑战自我、增强团队协作能力的重要方式，日益受到大众的青睐。然而，这些活动往往伴随着一定的风险，因此，安全成为户外运动与拓展训练不可忽视的命脉。

户外运动涵盖了徒步、攀岩、漂流、露营、骑行等多种形式，每一种形式都有其独特的魅力和挑战。拓展训练则更多地侧重于团队合作、问题解决和心理素质的提升，通过一系列精心设计的活动和游戏，让参与者在实践中学习和成长。无论是户外运动还是拓展训练，它们都以挑战和突破为主题，鼓励人们走出舒适区，勇于尝试新事物。然而，挑战往往伴随着风险。户外运动中的自然因素，如地形、气候、野生动物等，都可能对参与者的安全构成威胁。拓展训练中的高空项目、水上项目等，同样存在一定的安全隐患。因此，安全意识的增强和安全措施的落实，成为保障活动顺利进行和参与者人身安全的关键。

为了确保户外运动与拓展训练的安全，需要从多个方面入手。首先，活动组织者应该具备高度的安全意识和责任感，对活动地点、设施、器材等进行全面的安全检查，确保符合安全标准。同时，组织者还应根据参与者的身体状况、技能水平和活动经验，合理安排活动内容和难度，避免超出参与者的承受范围。其次，参与者自身也需要增强安全意识。在参与活动前，应该充分了解活动的风险点和安全措施，掌握必要的安全知识和技能。在活动中，要严格遵守组织者的指导和规定，不擅自行动或冒险尝试。此外，参与者还应保持良好的身体状态和心理状态，避免因疲劳、紧张等因素导致意外事故的发生。①

除了组织者和参与者的努力外，相关部门和机构也应加强对户外运动与拓展训练的安全监管。通过制定和完善相关法规和标准，规范活动组织者的行为，提高活动的安全水平。同时，还可以加强对参与者的安全教育和培训，增强他们的安全意识和自救能力。

在户外运动与拓展训练中，安全意识的提升和安全措施的落实是一个持续的

① 尹广义，腾燕，张岳．户外运动与拓展训练理论与方法教程 [M]. 北京：中国商务出版社，2016.

过程。每一次活动的顺利进行，都离不开组织者的精心策划、参与者的积极配合以及相关部门的监管支持。只有通过共同努力，才能确保户外运动与拓展训练在保障安全的前提下，充分发挥其促进健康、挑战自我和增强团队协作能力的积极作用。此外，随着科技的不断进步，一些新的安全技术和设备也被应用到户外运动与拓展训练中。例如：智能穿戴设备可以实时监测参与者的身体状况和位置信息，为组织者提供及时的安全预警；无人机可以用于空中侦察和救援，提高应急响应的速度和效率。这些新技术和新设备的应用，为户外运动与拓展训练的安全提供了更加有力的保障。

综上所述，安全是户外运动与拓展训练的命脉。只有确保安全，才能让参与者在挑战中不断成长和进步，享受运动带来的乐趣和成就感。因此，我们应该从多个方面入手，不断增强安全意识、落实安全措施、加强安全监管，共同营造一个安全、健康、积极的户外运动与拓展训练环境。

第三节　户外运动与拓展训练的安全原则

一、高校户外拓展训练安全管理体系的建立

（一）高校户外拓展训练安全体系建立原则分析

1. 预防为主、防护结合的建立原则

针对高校学员的心理特点，在高校开展拓展训练时必须增强参与人的自我防护意识，从培训师到学员都要严格遵守防护原则，做到预防为主、防护结合。预防为主、防护结合就是要求培训人员在培训开始之前、培训过程中都要始终如一地注重安全保障，将危险降至最低。无论是预防还是保护，都要从以下几个原则着手去做：第一，备份原则。备份原则是指与户外拓展训练有关的任何设备都需要做到备份准备，而且这种备份要细化到任何存在威胁的地点，真正做到万无一失。第二，复查原则。所有的安全装备在准备好之后都需要再进行一次细致的复查工作，通过复查来消除各种设备、装备的潜在隐患。第三，监护原则。户外拓展的培训师要做到时刻监护、全程监护，将可能出现的隐患消除在萌芽之中。另外，培训师要充分了解受训人的特点，迅速掌握个别受训人的身体状况，做到有

针对性的监护。

2. 坚持以人为本、人性化的安全体系建立原则

在户外拓展训练的整个过程中，受训人是整个培训过程的主体，在整个培训过程中必须坚持以受训人为最根本的人性化培训安全原则。首先，必须最大限度保障所有受训人的安全，不能顾此失彼。其次，要做到不同人群有针对性对待的安全保障原则。最后，在进行保护的同时要在最大限度保障受训人参与培训的积极性，不能因为过度的安全保护使得受训人失去了培训的兴趣。

3. 最大限度地保障户外拓展训练的原有特点

户外拓展训练在高校之所以如此受关注和欢迎，与其自身所具有的特点有很大关系，户外拓展训练更是因为能够和大自然亲密的接触而给参与人的身心带来积极的影响。在高校开展拓展训练,建立完善的安全保障体系是非常有必要的。与此同时，要最大限度地保证户外拓展训练原有特点，不能因为存在危险因素而降低其吸引力。户外拓展训练最大的特点就是现代人与大自然的高度紧密结合，通过在大自然当中的培训达到强身健体、增强团队意识的目的。如果在进行安全保障时过分要求受训人避开一些刺激、受欢迎程度较高的训练项目，这样虽然能够保障受训人的人身安全，但是也会因此而影响受训人的训练热情。所以，在建立保护体系的同时应最大限度地保留户外拓展训练的原有特点。

（二）高校户外拓展训练安全管理体系建立要素分析

户外拓展训练是受训人使用一定的器械在一定的环境下进行的培训活动，因此，受训人、器械和环境则是构成户外拓展训练的三个要素，因此，在进行安全保障体系的建立时，需要充分考虑三者之间的特点。

1. 消除物的不安全状态因素

户外拓展训练时，器械是沟通受训人和环境的纽带，受训人通过一定的器械在不同的环境中进行培训，因此，保障器械的完整则是保障受训人人身安全的前提。消除物的不安全状态则需要做到以下几点，首先，在进行培训前需要充分检查器械，保障其能顺利进行；其次，在培训过程中，要不间断地检查器械是否出现故障；最后，在培训结束时，要检查器械是否遭到损坏，并且要定期对器械进行维护和护理，延长器械的使用寿命。

2. 杜绝人的不安全行为因素

受训人既是户外拓展训练的主体，也是安全保障体系所要保护的对象，因此，在进行户外拓展训练时必须杜绝受训人的不安全行为。首先，在进行培训之前应充分了解每一名受训人的身体状况，如有特殊疾病则不允许参加培训；其次，在培训过程中如出现某些受训人故意破坏培训秩序，要及时制止，保障培训顺利进行。

3. 控制不利安全的环境因素

环境是受训人进行培训的场所所在，环境因素包括场地、天气等各个方面，只有充分了解这些因素才能更好地预防和减少环境的不利因素给受训人带来的人身伤害。在进行培训之前，不仅要检查场地里是否有危及生命的破坏物，要检查岩石峭壁是否出现松动等情况，还要及时了解当天的天气状况，是否会出现暴雨、大风等不利天气。

（三）高校户外拓展训练安全体系建立措施分析

1. 加大高校师资力量投入

目前，绝大多数高校户外专业的教练数量较少，有些学校虽然已经开设户外拓展训练课，但是没有专业的拓展训练教练，在进行拓展训练时教练缺少相应的保护知识和保护措施。因此，高校应加大对于户外拓展训练专业教练的引进力度，通过专业教练的引导带动整个高校户外拓展训练的开展。

2. 加大相应的训练设施和保护器械的投入

高校户外拓展训练的开展对于学校体育氛围的影响是具有两面性的。如果开展顺畅，不出现意外事故，能够丰富学校的体育氛围；但是，一旦发生意外事故，出现人身伤害，则对该项目的发展是致命的打击。因此，学校应该在训练设施和保护器械方面加大投入力度，以更好地保证参与学员的人身安全，从而推动户外拓展训练的安全发展。

3. 定期开展拓展训练活动，提高高校学员的参与度

户外拓展训练与足球及篮球等项目相比较，在高校的普及程度还不够，这就需要学校加大普及力度，使更多的学员了解并参与这项运动。学校应通过校园广播台等途径加大对于国内外户外拓展运动的报道，让学员及时了解最新的赛事；还可以通过校园广播或者报纸等渠道向学员教授相应的自我保护知识；另外，学校应定期开展不同形式的拓展活动，并给予参与者不同的奖励，以此来吸引更多的

学员参与户外拓展训练。

4. 为参与户外拓展训练的学员购买人身保险

户外拓展训练的危险性是不可避免的，所采取的各项措施虽然能够降低其发生概率，但是很难完全避免发生，因此，高校应为参与学员购买人身保险，一旦出现意外事故，可以使学员获得人身财产的补偿。学校也可以为学员购买集体意外保险，这样不仅能够起到保护作用，而且可以降低购买成本。

（四）拓展训练的安全管理体系

拓展训练等一系列户外体验式教育已经在我国广泛开展，参与人数逐年增加，根据不完全统计，全国参加拓展训练的人数已达数百万人次。参训人员涉及政府、企业、学校等各行业，因此拓展训练已经成为人们普遍接受的教育方式，有关政府管理部门应加强行业的监管，保障拓展训练行业健康稳定发展。与此同时，拓展训练安全管理体系的建立也十分重要，以系统性的规范来保证拓展训练的安全和可持续发展。

1. 安全防范教育是拓展训练安全管理体系的核心

首先，培训机构要把安全作为头等大事，必须把安全生产管理放在日常经营的第一位。管理层应站在行业发展的高度对待安全问题，将拓展训练的设施、装备、培训师、培训课程的安全放在销售的前面作为第一位。其次，培训师作为拓展训练的具体执行者是安全管理的重要环节，培训师的安全操作的追求应永无止境，只要还想做培训师，就一刻不能放松学习，认真探讨行业规范，严格按行业规范操作。与此同时，对参训人员的安全教育也非常重要。对参加者的安全教育在于教会他们如何选择专业的培训机构，从而规避风险。此外，还应该进行拓展训练中风险因素的接受程度评估，没有一点危险感觉就不可能有高峰体验，因此对参训者进行安全教育也很有必要。在培训期间，参训者的行为自控也很重要，很多培训事故的发生就是参训者没有在培训师许可的情况下私自活动发生的。拓展训练作为体验式的培训，需要大量的身体活动，培训师应向参训者说明热身的重要性。如果不做热身活动就进行训练，很可能会发生肌肉拉伤、关节扭伤等损伤事故。

2. 政府监管和法律规范是拓展训练安全的基础

国家有关部门应做到以下几点：首先，成立专门的户外培训监督管理机构，不断加大对拓展训练行业安全培训检查的执法力度。力争早日形成有法可依、执法必严的拓展训练安全管理机制。其次，建立并完善拓展训练安全生产的法规建设。国内率先从事专业拓展训练的机构——人众人教育（GROUP）培训机构发布了国内第一个关于拓展训练的安全标准，虽然这还只是一个企业标准，但从最基本的安全标准开始，拓展训练的标准化工作已经实现了零的突破。我们可以借助人众人教育机构发布安全标准为契机，建立拓展训练安全管理的法规。再次，增加拓展训练安全培训科技含量，积极开展拓展训练安全技术研究。拓展训练相对于传统的教育模式，对于安全有更大的挑战。拓展训练作为一种在全球被验证过的良好教育模式，应加强拓展训练安全培训的科技含量，大力开展安全技术研究工作。最后，建立正规和专业的拓展教练的培训制度和培训师注册制度。国家可以组织一些规模较大的拓展培训机构制定拓展培训师的专业要求和标准，并按照其要求对符合条件的培训机构进行认证，之后由这些经过认证的培训机构对拓展培训师进行培训，并且设立拓展训练师注册制度，凡从事体验式培训（包括拓展训练）的培训教练必须拥有拓展培训师资格认证才可从事拓展训练活动。①

3. 保险制度是拓展训练安全的保障

建立拓展训练意外伤害保险制度，有利于降低风险，提高拓展训练机构的风险抵御能力。保险业的加入是拓展培训机构、培训师和学员安全的物质保障，对于促进拓展训练过程中安全问题的责任界定，促进行业安全操作责任制的健全，以及促进学员的安全保障进而促进整个拓展训练行业的安全具有重要作用。实施人身意外伤害保险，使事故统计上报制度得以落实。实施人身意外伤害保险可以让每次拓展训练中出现的事故得到上报，为拓展训练行业提供有益的借鉴。实施意外伤害保险有利于降低企业经营风险。当拓展训练意外安全事故发生的时候，应建立应急救援体系，制定救援预案。一旦遇到危险，应及时有效地开展救援，一旦某个环节出现问题，相应的救助体系立即启动。当事故发生时，应沉着大胆，细心负责，分清轻重缓急，果断实施科学、合理的急救方法。先处理危重病人，再处理病情较轻的病人，在同一患者中，先救治生命，再处理局部，观察现场环境，确保自己及伤者的安全，充分运用现场可支配的人力、物力来协助急救。

① 丁海荣，刘永智．大学员户外拓展安全管理与健康教育研究 [M]. 长春：吉林大学出版社，2016.

二、中国户外运动安全归责及立法研究

（一）中国户外运动安全隐患

1. 中国户外运动俱乐部质量参差不齐，组织方式呈多元性

由于中国户外运动整体发展的时间较短，市场运行不规范，因此户外运动俱乐部出现了鱼目混珠、质量参差不齐的现象。目前，国内具备资格的户外指导员、教练员、领队以及受过专业户外技能培训的人非常少，很多户外俱乐部的从业者、管理者是由户外运动的爱好者转行而来，而且很少经过正规的专业培训，专业素质相对较低，无证上岗现象较为普遍。在组织管理上，不同的俱乐部也存在很大差异，比如：有的俱乐部有活动计划书，有的则没有；有些俱乐部没有办理保险；有些俱乐部没有定期的专业培训；有的只接受 18 岁以上的成年人，有的则没有年龄限制；等等。

2. 行业管理不规范，监管机构缺位

户外运动繁荣的背后，尚存在行业管理不规范，监管机构缺位等问题。首先，中国的户外运动俱乐部属于营利性机构，要到工商部门注册，要对俱乐部人员进行资质认证，由相关的体育部门管理，但是国内不少户外运动俱乐部还没有到相关部门备案登记，处于无证经营状态，难以得到有效监管。据不完全统计，目前国内户外运动俱乐部有几百家，但是得到中国登山协会认证的只有 34 家。其次，中国目前还没有出台户外运动的相关法律法规，一些地方性规定还不健全，大多数地方的俱乐部资质认证及培训体系尚未建立，缺乏统一的管理，相关监管部门在具体工作中存在相互协调力度不够、监管机构缺位等情况。

3. 网络自发组织的户外运动容易引发安全事故

当前，以网络自发组织的户外运动团体在中国备受青睐，这类团体的组织者和参与者以完全自助、费用 AA 制的形式，通过网络发帖邀约一起进行户外运动，以达到结交朋友、锻炼休闲等目的，但是这些擅自组织活动的团体往往存在专业性差、组织松散、没有责任主体、缺乏安全保障、相互不熟悉等隐患。据了解，目前在中国正规运动组织机构（协会 / 俱乐部等）组织的户外运动中，很少发生重大事故，事故绝大部分发生在非正规机构组织者和爱好者自发组织的活动中，其原因在于组织者经验不足或忽视安全问题，从而导致重大事故的发生。

4. 缺乏专业知识和应急处理能力

户外运动是一项专业性、技术性很强，危险性很大的运动项目。对于这项新兴的体育项目而言，中国广大的户外运动爱好者仍是新手，在这方面没有足够的专业知识和训练，缺乏对突发事件的应急处理能力，一旦发生意外往往束手无策，无法自救。

5. 对户外运动的认识存在误区

户外运动发展的多样化造成了许多人对其认识产生误区。由于国内最初对于户外运动的理解来自国外背包自助旅行的形式，因此很多人把户外运动片面地理解为自助旅行，其实户外运动无论是从范围上还是性质上都比自助旅行要大得多，技术要求也高得多。

6. 缺乏风险防范意识、缺少安全保障

首先，户外运动环境的不确定性以及内容的复杂多样性，决定了参与者必须面对一定的风险。但是中国大部分的户外运动参与者在如何防范风险，如何应对困难，如何在野外保护自己等方面的经验仍旧不足，对风险的规避意识仍然缺乏。其次，由于受到中国长期传统的价值观念、思想文化等方面的影响，人们在进行户外运动时，投保的意识非常薄弱。在中国参加户外运动的爱好者当中，大部分人不愿意加入专业的户外俱乐部，因为专业俱乐部组织的活动，通常要收取一定的费用，所以他们宁愿选择一些网友自发组织的活动，以致发生意外的概率上升。此外，政府和民间团体的专业救援队伍以及应急救援保障体系还没有建立。

（二）户外运动组织者的安全保障义务

户外运动组织者的安全保障义务可以界定为，户外运动的组织者在进行策划、实施、管理时，对该活动的参与者和其他旁观者应当在其可合理预见之危险的范围内采取合理、有效的措施来保障他人的人身、财产安全。户外运动组织者未尽合理预见范围内的安全保障义务，致使活动参加者的人身或财产遭受损害的，应当承担侵权责任。

1. 户外运动组织者对侵害的防范义务

首先，在活动策划过程中，户外运动组织者（“驴头”）应尽调查义务。“驴头”应该运用广泛的资源，采取尽可能多而准确的方法、途径，对于户外运动的地点相关情况加以调查。在条件允许的情况下，我们提倡“驴头”亲身考察或者招纳专业人员参加。其次，在实际活动中，户外运动组织者应尽警示义务。在活动组织阶段，“驴头”应该确保每一个参加者对于此项户外运动的时间、地点等基本内容和危险性做到充分认识。在活动开始之前，组织者应该公布活动的策划书，或活动过程中的情况说明书。最后，在活动进行过程中，“驴头”要时刻保持谨慎，并及时把握活动进程和注意环境、气候等条件变化。对于身处危险源或接近危险源的参与者，应以醒目的方式给出提示或警示。另外，“驴头”还应对“驴友”的身体状态和必要装备做及时了解。例如，负责点好人数，在每一次休息或者出发之前都必须点好自己组的人数，确保没有遗漏任何一个组员；出发前负责检查好组员的车；向组员强调安全知识，监督组员，确保组员遵守出游规定等。

2. 户外运动组织者对于侵害的制止义务

首先，来自活动组织者先行行为的侵害。根据刑法理论，行为人的行为使刑法所保护的社会关系处于危险状态时，行为人负有以采取有效措施排除危险或防止危害结果发生的特定义务。若不履行该义务，则构成不作为的违法行为。这种先行行为所带来的作为义务来源也应该适用于对户外运动组织者的侵权责任认定上。即“驴头”在活动策划、组织和进行过程中，由于安排不合理，或者对于装备检查不到位，未尽到危险警示义务等，使活动参加者面临侵害危险的，作为安全保障义务人的组织者，应对参加者的人身伤害和财产侵害采取合理、及时的救助措施，将这种侵害的结果控制在最低限度。其次，来自活动参加人的侵害和第三人的侵害。根据上文提到的危险源控制理论，活动组织者发起组织这种行为本身存在一定的风险，即将其他活动的参加者置身于这种危险可能性之中，那么，组织者就应对此承担一定的义务。

当然，这里所讲的制止义务虽然不同于公民在道义上见义勇为的救助义务，但是毕竟是由非组织者的行为导致，是不能为组织者所控制的侵害，对于组织者未能制止该种侵害的侵权责任认定应结合具体情况，不能苛责。

（三）中国户外运动立法的现状

中国户外运动法学研究十分薄弱，研究户外运动立法的论文数量和质量有限，几乎是空白，特色研究较少，可依据的法律条文屈指可数，专业性人才更是微乎其微，层次有限。同时管理体制与运行机制比户外运动发展慢，法律效力层次低，且缺乏适用性，操作层面上的立法滞后。

（四）户外运动立法的发展对策

1. 加强专业人才培养尽快出台相关法律法规

要确保中国户外运动健康有序发展，必须重视户外法治工作机构的建设，建立一支高素质的立法工作队伍。培养专业的户外运动法律方面专业人才。尽快出台相关的法律法规，要进一步制定和完善户外运动的各种行业服务标准、组织管理办法、从业人员培训制度、监察制度资格认证制度和技术等级制度，把中国户外运动纳入法治化管理轨迹。

2. 借鉴国外法律

在体育法学研究中，要借鉴西方国家的成功经验，吸收他们先进的户外运动法律法规实施的合理成果。如美国、西欧等国家的户外运动事业非常发达，这与他们完备的户外运动法治的保障有着十分密切的联系。因此，户外运动法学研究要西为中用，结合中国户外运动事业发展的实际，推动体育法治化的发展。

3. 深入开展户外运动立法的科学研究，提高配套户外运动立法的科技含量

户外运动法治工作机构应不断加强立法工作的科研比重，积极吸收和转化各种科学研究成果，并应用于体育立法的实际工作之中。同时，要注意借助多方面的力量提高体育立法中的科研成分和科技含量。此外，还要有计划地组织和扩大体育立法研究队伍，发挥体育科学学术团体的作用，将户外运动立法研究纳入科研规划，开展户外运动立法的科技交流与学术研讨活动，为户外运动立法科学研究创设更好的智力条件。

户外运动的发展对于提升国民身体素质、提高生活质量具有重要的作用。各级体育行政部门、相关机构及广大户外运动参与者要促进中国户外运动健康有序地发展。户外运动法治建设是户外运动事业健康发展的根本保障，是户外运动健康、良性、持续发展的关键因素之一，在健全的法治保护下，户外爱好者可以更加放心地参与这项运动，我们的户外运动产业才会越做越大，前景才更加广阔。

第四节　户外运动与拓展训练的安全保证

一、户外运动的安全保证

（一）出行前准备

详细规划：掌握目的地及途经地的详细资料，包括线路攻略、风险评估和安全预案。

天气选择：选择晴朗的天气出行，避免恶劣天气带来的安全隐患。

体检准备：长途旅行前进行身体检查，确保身体状况良好，避免在野外时因身体不适而发生危险。

装备准备：准备专业的户外装备，如指南针、地图、GPS定位用品、照明设备、急救药品等。

（二）途中安全

保持联系：出行前将自己的行程攻略、同伴的联系方式、预计结束时间告知亲属或朋友，保持“场外”联系。

集体行动：行动中不得超越领头队员，不得落后于守尾队员，不得擅自脱队、离队。小组活动必须三人以上行动，组队时要注意老队员的比例。

危险意识：时刻要有危险意识，遇到身体突感不适时，不要勉强自己继续前行。

沿途标记：如果出行的路线是复杂地形或少有人走，建议沿途做好标记，以便迷路时给自己以提示，也给救援人员以提示。

（三）应急措施

等待救援：迷路时不要到处跑，应折回原路或寻找地势较高的安全处避难，及时发出求救信息并静待救援。在等待救援时，要采取自救措施，如检查食物和饮水，合理分配使用。

购买保险：出行之前要自行购买好保险，以应对可能出现的意外风险。①

二、拓展训练的安全保证

（一）安全意识

大安全观：拓展中安全的概念是在“大安全观”指导下的概念，包括身体安全、心理安全、行为安全、器械安全和环境安全。

安全教育：对参与者进行安全教育，使其正视项目的特点及风险性，消除安全隐患，杜绝疏忽大意。

（二）组织管理

作息管理：按时作息，保证正常参加拓展训练。

队伍管理：各队队长有责任保证在集体活动时每一位学员及时准确地到达集合地点。不允许出现不合时宜的玩笑和打闹，服从拓展教练的要求。

行为规范：所有器械与高空器具未经允许不得擅动及使用。活动期间，不得有擅自离队、聚众赌博等行为。

（三）操作安全

保护技术：对于高空项目等具有一定风险的项目，要应用专业的保护技术，如法式五步法等，确保参与者在坠落时能够得到有效的保护。

器械使用：正确使用保护器械，如头盔、安全带等。头盔应紧贴皮肤、透气良好，并正确佩戴。安全带应选择合适的类型，如全身式安全带、胸式安全带等，并正确穿戴。

（四）器械保障

选择与维护：选择质量可靠、符合国际认证的器械装备。定期对器械进行检查、保养与维护，确保其处于良好的工作状态。

专业指导：在专业人员的指导下进行器械的使用和操作，避免因操作不当导致安全事故。

---

① 段辉巧．户外拓展运动理论与实践研究 [M]. 延吉：延边大学出版社，2016.

参考文献

[1] 白震，李德玉，史国轻 . 大学体育与户外运动 [M]. 长春：吉林人民出版社，2021.

[2] 陈向权，李臻，齐华 . 现代户外运动与拓展训练研究 [M]. 北京：现代出版社，2023.

[3] 程君杰 . 户外运动与拓展训练研究 [M]. 长春：吉林大学出版社，2018.

[4] 丁海荣，刘永智 . 大学员户外拓展安全管理与健康教育研究 [M]. 长春：吉林大学出版社，2016.

[5] 董跃春 . 现代休闲体育运动与产业发展研究 [M]. 北京：北京工业大学出版社，2023.

[6] 段辉巧 . 户外拓展运动理论与实践研究 [M]. 延吉：延边大学出版社，2016.

[7] 韩奇 . 户外运动的科学组织与开展研究 [M]. 北京：中国书籍出版社，2018.

[8] 胡炬波，厉丽玉 . 户外运动与拓展训练 [M]. 杭州：浙江大学出版社，2017.

[9] 李纲，张斌彬，王晶 . 户外运动技巧：攀登篇 [M]. 青岛：中国海洋大学出版社，2019.

[10] 李静文 . 休闲体育产业与经营管理 [M]. 北京：新华出版社，2017.

[11]李亚龙.现代休闲体育运动项目的科学训练指导[M].北京：中国农业大学出版社,2017.

[12] 刘华荣，秦长胜，刘转青等 . 户外运动组织与管理 [M]. 2 版 . 武汉：中国地质大学出版社，2020.

[13] 刘晓燕,高誉松 . 户外运动拓展与荒野生存探险 [M]. 北京：北京工业大学出版社,2021.

[14] 刘长青 . 龙舟运动技术与训练 [M]. 哈尔滨：哈尔滨工业大学出版社，2019.

[15] 刘志国 . 拓展训练的基础理论和实践 [M]. 长春：东北师范大学出版社，2018.

[16] 陆小聪 . 现代体育社会学 [M].2 版 . 上海：上海大学出版社，2020.

[17] 罗壮 . 华南沿海地区户外运动特点与防护方法 [M]. 沈阳：东北大学出版社，2020.

[18] 孟令滨 . 大学员户外运动教程 [M]. 哈尔滨：东北林业大学出版社，2018.

[19] 孟然 . 户外运动项目教育理论与实践 [M]. 长春：吉林出版集团股份有限公司，2024.

[20] 钱俊伟,方翔 . 户外探索：户外运动认知及基础技能 [M]. 兰州：甘肃人民出版社,2022.

[21] 庹清云，尧义 . 大学员户外运动与拓展训练安全管理研究 [M]. 北京：原子能出版社，2017.

[22] 王华 . 现代户外运动开展的多维度探索 [M]. 长春：吉林大学出版社，2024.

[23] 王来东，齐春燕 . 户外运动与拓展训练理论与方法 [M]. 北京：中国书籍出版社，2019.

[24] 王培善 . 攀岩运动教程 [M]. 上海：同济大学出版社，2019.

[25] 吴畏，王者 . 休闲体育产业发展与体育旅游产业构建研究 [M]. 长春：吉林出版集团股份有限公司，2023.

[26] 许庆忠 . 定向运动技能训练与教学实践 [M]. 长春：吉林人民出版社，2021.

[27] 杨汉，罗先斌 . 户外运动理论与实践 [M]. 武汉：中国地质大学出版社，2023.

[28] 叶应满，王洪，韩学民 . 现代运动训练的理论分析与科学方法研究 [M]. 成都：电子科技大学出版社，2017.

[29] 尹广义，腾燕，张岳 . 户外运动与拓展训练理论与方法教程 [M]. 北京：中国商务出版社，2016.

[30] 尹立波 . 休闲体育运动文化与实践 [M]. 北京：新华出版社，2017.

[31] 张斌彬，李纲，李晓雷 . 户外运动与户外安全防护研究 [M]. 北京：应急管理出版社，2019.

[32] 张斌彬，李纲，王晶 . 登山安全与判断力 [M]. 青岛：中国海洋大学出版社，2019.

[33] 张斌彬，李晓雷，王晶 . 体验式教学：高校户外运动教学与实践研究 [M]. 北京：应急管理出版社，2019.

[34] 张健，吴庆 . 户外生活与生存实用理论技术与实践 [M]. 西安：陕西科学技术出版社，2019.

[35] 赵光德 . 户外运动的价值挖掘与科学开展研究 [M]. 哈尔滨：黑龙江大学出版社，2023.

[36] 赵云雷，姜小丽 . 皮划艇运动教学与训练 [M]. 长春：吉林大学出版社，2020.

[37] 周伟峰 . 体育产业与体育文化发展管理探索 [M]. 长春：吉林人民出版社，2022.

[38] 朱江华，刘勇 . 桨板运动 [M]. 上海：东华大学出版社，2024.

[39] 朱亚成 . 新时代山地户外运动产业高质量发展研究 [M]. 北京：九州出版社，2021.

[40] 朱云，张巍，胡琳等 . 休闲体育文化之运动训练教程 [M]. 北京：中国书籍出版社，2018.

[41] 邹巍 . 休闲体育理论透析及其产业化发展与运作研究 [M]. 长春：吉林出版集团股份有限公司，2023.

[42] 杨玉玲 . 体能、体验与经济：户外运动的多维度探究 [J]. 商展经济，2023（22）：127–130.